平凡社新書
933

南方熊楠と宮沢賢治

日本的スピリチュアリティの系譜

鎌田東二
KAMATA TŌJI

HEIBONSHA

南方熊楠と宮沢賢治●目次

＊本書では、現代の基準から見て差別的な表現を含む記述があります。これは、南方熊楠と宮沢賢治の思考・表現をたどる上で不可欠の文章引用等を行ったことによるもので、読者諸氏には歴史的事象・事実としてご諒解賜りますよう、何卒お願い申し上げます。

＊編集協力　宮古地人協会

序章　二人のＭ・Ｋ

――横一面男と縦一筋男

横一面男・南方熊楠

南方熊楠とかけて何と解く。「横一面男」と解く。「縦なしの横一面男」と解く。その心は、「あらゆるものごとや出来事にどこまでもつながっていって果てしがない、キリがない、際限がない」からである。物・事・心が相互に連絡・連関し合い、どこまでも連なり、一大知的宇宙を日々膨張させ、更新して止むことがない。そんな運動体、それが「一切智曼陀羅《まんだら》」人間・南方熊楠である。

そのことをもっともよく表わしているのが、大正十四年（一九二五年）一月三十一日付で日本郵船大阪支店副長の矢吹義夫宛に出した書簡、いわゆる「履歴書」と呼ばれている手紙である。熊楠は、その頃、植物研究所を設立するための寄付を求めていた。矢吹義夫はそれに協力の意思を示し、履歴を送ってくれるよう熊楠に頼んだ。

その返事が、なんとまあ、巻紙八メートル、細かな筆文字で約五万八〇〇〇字（四〇〇字詰め原稿用紙でおよそ一五〇枚）に及ぶのだから、もらった方もたまったものではない。全部読み切るのにひと苦労どころではない。さぞかし驚き、難儀したことだろう。ふつう、履歴書などというものは、ビジネスライクに、何年何月にどこそこに入学し、いつ卒業して、その後、何をしてきたかを時系列に沿って編年体で簡潔に記すものである。今ならA４で一枚、せいぜい、四〇〇～八〇〇字程度ですむ。

ところが、そこに記されているのは、エピソードの羅列に次ぐ羅列で際限なく、とどまることを知らない。しかもその長文というのもはばかられるような「履歴書」の中に、唐突に、「小生は決して左様不思議な人間に無之候」と記したあげく、まったく書く必要のない自分の「一物（男根）」のことを、「一物も鉄眼以上の立派な物なりしが、只今は毎日失踪届けを出さねばならぬほど、あってなきに等しきものになりおわり候」と、自分の男根は大変立派であるけれども今はどこに行ったか行方不明のようなもので有って無きに等しいなどと、自分をあざ笑うかのごとく諧謔的に記すのである。まさに「想定外」の「履歴書」とはこのことである。この手紙をもらった矢吹義夫はこれをどういう文脈で読んだらいいのか、その真意を汲みかねただろう。そして、こんな変な人物にはたして多額の寄付をしても大丈夫であろうかと不安になったことだろう。

熊楠はその「履歴書」の中で、熊野の那智で植物採集をしていた時期のことを次のように述べている。

かくて小生那智山にあり、さびしき限りの生活をなし、昼は動植物を観察し図記して、夜は心理学を研究す。さびしき限りの処ゆえいろいろの精神変態を自分に生ずるゆえ、自然、変態心理の研究に立ち入れり。幽霊と幻《まぼろし》（うつつ）の区別を識《し》りしごとき、このときのことなり。幽霊が現わるるときは、見るものの身体の位置の如何《いかん》に関せず、地平に垂直にあらわれ申し候。しかるに、うつつは見るものの顔面に並行してあらわれ候。（『南方熊楠全集』第七巻、三一頁、一九二五年一月三十一日付、矢吹義夫宛書簡「履歴書」、平凡社、一九七〇年）

「幽霊」現象が「履歴書」とどう関係するのか？　明治三十三年（一九〇〇年）、その時、熊楠は確かにロンドンから帰ってきて熊野に籠り、独り植物採集などをして、寂しい限りの生活をしていた。その頃、「変態心理」の当事者研究をして、本物の幽霊現象かどうかの見分け方を摑んだという。熊楠にとっては、これは「履歴書」に書き込まずにはいられない重要な一エピソードにして切実な生活記録であり、南方熊楠という人間の確かな生態標本であった。

こうして、どこまでもどこまでも果てしなく「横一面」に延び続けていく事象の因果生態学的つらなりの中の一コマとしてあることを熊楠ほど如実に体現し、切実に発信している者はいない。矢吹義夫に対して、自分のことをそれほど「不思議な人間」ではないと断わっているが、しかしこの法外なる「履歴書」は確実にその文言を裏切っている。これほど奇想天外な「履歴書」はない。神秘不可思議、アンビリーバブル、とビジネスマンの矢吹義夫は思ったことだろう。

縦一筋男・宮沢賢治

このような奇人変人、常識はずれの南方熊楠に対し、宮沢賢治とかけて何と解く。「縦一筋男」と解く。「横抜きの縦一直線男」と解く。その心は、「よだかの星」のよだかのように、どこまでもどこまでも垂直に天空飛行し、銀河系の彼方に飛び込んでいって木っ端微塵に散らばっていこうとするからである。それが「銀河系曼陀羅」人間・宮沢賢治である。

南方熊楠が「履歴書」を出した一年後の大正十五年（一九二六年）四月に羅須地人《らすちじん》協会を設立し、その協会の理念と方針を『農民芸術概論綱要』にまとめた。その「序論」で、賢治は実にストレートに次のように宣言する。

序論――われらはいっしょにこれから何を論ずるか

おれたちはみな農民である　ずゐぶん忙がしく仕事もつらい
もっと明るく生き生きと生活をする道を見付けたい
われらの古い師父たちの中にはさういふ人も応々あった

近代科学の実証と求道者たちの実験とわれらの直観の一致に於て論じたい
世界がぜんたい幸福にならないうちは個人の幸福はあり得ない
自我の意識は個人から集団社会宇宙と次第に進化する
この方向は古い聖者の踏みまた教へた道ではないか
新たな時代は世界が一の意識になり生物となる方向にある
正しく強く生きるとは銀河系を自らの中に意識してこれに応じて行くことである
われらは世界のまことの幸福を索《たず》ねよう　求道すでに道である（『新校本　宮澤賢治全集』第十三巻、九頁、筑摩書房）

冒頭の「おれたちはみな農民である　ずゐぶん忙がしく仕事もつらい／もっと明るく生き生きと生活をする道を見付けたい」と始めるのはよくわかる。農民の労働の過酷さ、その辛さを盛岡高等農林（現在の岩手大学農学部）で学んだ賢治はよく理解していた。だからこそ、その「つらい」農業と農民生活に希望と活力と光をもたらし、「もっと明るく生き生きと生活をする道を見付けたい」と思い、羅須地人協会を設立し、その設立宣言書として、岩手国民高等学校での講義を元に同年六月に『農民芸術概論綱要』を著わした。

これまでに、明るく生き生きと生活する道を見つけた先達（古い師父たち）もいた。その「古い師父」が誰を指すのか、賢治が影響を受けたレフ・トルストイやウィリアム・モリスを指すのかもしれないが、そのようなところからさらに突き進んで、「近代科学の実証と求道者たちの実験とわれらの直観の一致に於て論じたい」という立場を闡明《せんめい》する。これを、自然科学と宗教的社会的活動と芸術的感性との結合と言い換えることができる。それらの賢治流三位一体の上に目指すところが、「世界がぜんたい幸福にならないうちは個人の幸福はあり得ない／自我の意識は個人から集団社会宇宙と次第に進化する」という世界である。世界全体の幸福と個人の幸福が一致相関するパラダイスを夢見つつ、自我意識は「個人」から「集団社会宇宙」と「進化」していくという。

トランスパーソナル心理学・統合心理学を提唱するケン・ウィルバーも真っ青の、誰しもが、ほんとうか？　うそだろ？　と疑問を持つような単純かつ直線的な進化論を示しつつ、「この方向は古い聖者の踏みまた教へた道ではないか」と、古来、このような進化過程を持つ「道」は「古い聖者」が実践し、教化してきた道であると説く。そして、ふたたびそのような進化説を「新たな時代は世界が一の意識になり生物となる方向にある」と言い換える。「世界が一の意識になり生物となる方向にある」とは、今なら、AI（artificial intelligence）を埋め込んだサイボーグによってビッグデータがあまねくネットワークされすべての末端に共有される事態ということもできるかもしれないが、世界が「一の意識になり生物となる方向」とは、極限的な一元主義で、ある意味では恐ろしい宇宙的ビッグデータを集約駆使するモノリス的未来でもある。そして、そのようなモノリス的未来に反応するかのように、「正しく強く生きるとは銀河系を自らの中に意識してこれに応じて行くことである」と述べる。

「正しく強く生きる」がどうして「銀河系を自らの中に意識してこれに応じていくこと」なのか？　おそらく、大正十五年にこの言葉を耳にした者の誰もがまったく理解できない、たわ言のような神懸り的発言に思える。「銀河」は、ある明確な宇宙意思を発信している。人はそれを受信できる。『二〇〇一年宇宙の旅』で、モノリスに応じたヒトザルのように。銀河パルスを受け取って「正しく強く生きる」ヒトになる。そのような超人思想を語っているのか？

ここで、急いで注釈しておかなければならないのは、まさにこの進化過程の本源に、法華経的な「久遠実成《くおんじつじょう》の本仏《ほんぶつ》」が存在していることである。この光源があるがゆえに、「宇宙」に向かって「進化」し、「世界が一の意識」となる必然と可能性を有していると賢治が考えていただろうことである。

そしてついに、この『農民芸術概論綱要』の「序論」は、「われらは世界のまことの幸福を索ねよう　求道すでに道である」という結語で結ばれる。「世界のまことの幸福」とは何か？　それは、「個性の異《ことな》る幾億の天才も併《なら》び立つ」（「農民芸術の産者」）万民芸術家社会の実現と到来を指すのだが、しかしそのような「道」はいかにして可能なのか？

農民芸術とは宇宙感情の　地　人　個性と通ずる具体的なる表現である
そは直観と情緒との内経験を素材としたる無意識或は有意の創造である
そは常に実生活を肯定しこれを一層深化し高くせんとする
そは人生と自然とを不断の芸術写真とし尽くることなき詩歌とし
巨大な演劇舞踊として観照享受することを教へる
そは人々の精神を交通せしめ　その感情を社会化し遂に一切を究竟地《くつきようち》にまで導かんとする
（『新校本 宮澤賢治全集』第十三巻、一一頁、筑摩書房）

と、「農民芸術の本質」で説かれはするが、「一切の究竟地」に到達する道筋はよくわからない。その理路の説明はないことはないが、プロセスカットし、地道な筋道をすっとばして、思いっきり飛躍して、いきなり「一切究竟地」である。そして、『農民芸術概論綱要』の最後の方の「農民芸術の綜合……おお朋《とも》だちよ　いっしょに正しい力を併せ　われらのすべての田園とわれらのすべての生活を一つの巨きな第四次元の芸術に創りあげようでないか……」では、唐突に、

まづもろともにかがやく宇宙の微塵となりて無方の空にちらばらう（『新校本　宮澤賢治全集』第十三巻、一五頁、筑摩書房）

と来る。まるで、惑星に単身突入していく『二〇〇一年宇宙の旅』の決死のボーマン船長のように。ボーマン船長は、不思議にも、モノリスを通して「スターチャイルド」に変容した。まるで、宮沢賢治の「よだかの星」のよだかのように。宮沢賢治は、スタンリー・キューブリックよりも半世紀近く早くスターチャイルドの到来を予見していたのか？

二人のM・K

この二人の「M・K」（Minakata Kumagusu と Miyazawa Kenji）、「横一面男」の南方熊楠と「縦一筋男」の宮沢賢治の理解しがたい不可思議な超越思考は、確かにその当時の多くの人々にはぶっ飛んだ意味不明のものに映ったであろう。しかし、それからおよそ百年の時を経て、私たちはこの二人のM・Kの未来発信をある程度解読することができるようになった。これまで二人のM・Kについて、それぞれ膨大な研究書が書かれている。二人に強い関心を持ってきた私もかなりな研究書に目を通してきたが、この二人を真正面から結びつけた論書は寡聞にして知らない。そこで、蛮勇を奮って、この二人のM・Kの未来メッセージを読み取ることにしたい。

「横一面男」と「縦一筋男」という解き方は、彼らの特質を思いっきり対置的に一点抽象している。

もちろん、二人にその対極の縦や横がまったくないわけではない。むしろ、彼らの「横一面」も「縦一筋」も、対極との緊張関係や相互作用のダイナミックな動きの中で特立していく弁証法的な運動であるといえる。

だが、このような思い切った一言規定を通して、南方熊楠と宮沢賢治という二人のＭ・Ｋの類稀なる人間（未来人？）の対照的なすがたとはたらきを鮮明にし、彼らが放ったメッセージの核心にあるイデア（モノリス信号）をキャッチし、その可能性の極限とそれを生きた彼らの孤独と悲哀を遠望できるのではないか。本書では、心からの敬意と愛惜を込めて、この二人のＭ・Ｋを「横一面男」と「縦一筋男」と呼びたい。そしてその二人のＭ・Ｋの切実なる今生での冒険と挫折とそのメッセージを読み取り、描いてみたい。

第一章　観察と聴取

――五感の彼方へ・熊楠と賢治の超感覚

名と不思議

南方熊楠は、江戸時代が終わる慶応三年（一八六七年）五月十八日、紀伊国（和歌山県）和歌山に生まれた。家は金物商を営んでいて、裕福だった。明治時代の中期に、子どもを大学に行かせたり、留学をさせるほどの余裕があったのだから。そうした暮らしと環境の中で、一人のM・K南方熊楠は、特に植物に興味を持った。そこには、熊野詣の入口にあたる海南市に鎮座する藤白神社の宮司に「南方熊楠」と名づけられたことも影響した。

名前には不思議な力と作用がある。なぜその個体や個人にその名がついているのか。その存在の特質を名前は表わしている。それによってすべてが明らかになるわけではないが、名前は独自の意味と形態と存在性を表わす。南方熊楠は、とりわけその個体と名前との関係に敏感である。

のちに、事の不思議など、五つの不思議について、自説を展開することになるのだが、それにも関連して「名」の問題が出てくる。名前はどのようにして名づけられるのか。名前が存在し、それが認識されるということはどのような事態なのか。熊楠はこう述べる。

胎蔵界大日中に金剛大日あり。その一部心が大日滅心（金剛大日中、心を去りし部分）の作用により物を生ず。物心相反応動作して事を生ず。事また力の応作によりて名として伝わる。さて力の応作が心物、心事、物名、名事、心物心、心名物、（中略）これを心に映して生ずるが印なり。（『南方熊楠全集』第七巻、三九〇頁、一九〇三年八月八日付、土宜《どき》法龍《ほうりゅう》宛書簡、平凡社）

ここで述べていることは、なかなかややこしい。そこで、できるだけ簡単に整理してみよう。

①真言密教の両界（両部ともいう）曼陀羅に描かれた胎蔵界大日如来（理）の曼陀羅の中に金剛界の大日如来（智）がある。
②その金剛界大日如来の一部の「心」の作用によって「物」が生まれてくる。
③その物と心が相互に作動し合って現象ないし出来事としての「事」が生じてくる。
④その「事」が金剛界大日如来の「力」と智の作用によって「名」を表わす。
⑤こうした「力」のはたらきが、「心物、心事、物名、名事、心物心、心名物……」を生む。
⑥これらのはたらきが「心」に映し出されて感受としての「印」（印象）が生じてくる。

熊楠は、「物」と「心」と「事」の相互作用の中に、「名」や「印」が認識として生起してくるさまを、胎金両部の大日如来のはたらき次第としてこのように捉えていた。すべての源は、母胎としての胎蔵界（生）大日如来である。だが、その胎蔵界（生）大日如来から金剛界大日如来が顕われ、その「一部心」から「物」や「事」が生じ、それに「名」が付けられ、「印」を生む。こうして、胎蔵界大日如来から発した理路と智路との認識過程が構造化される。

とすれば、「南方熊楠」という「名」も、他の「名」もみな胎蔵界大日如来から発現した金剛界大日如来の「一部心」の顕われということになり、あらゆる心‐物‐事の連鎖が名前や印象となってわたしたちの認識世界に対象化されるということになる。それはどこまでも横一面に延びてゆき極まりがない、無始無終の果てなき連鎖の中にある。だから、「南方」も、「熊」も、「楠」も、みな「因果」や「縁起」の法則生起の中でつながり、反応し合い、交響し合っている。わたしたちは、その「印」や「名」を感受しつつ、その根源も全体もうち忘れて、その一部をしか認識の視野に収めない。すべての留まることのない連鎖の全容を感受しなければならないのに。

このように考える熊楠にとって、世界はまことに「不思議」と分裂に満ちている。その不思議は、人間にとっては、心と物と事の関係性となって顕われるが、しかし、それはどこを取っても胎蔵界・金剛界大日如来の一部にすぎない。だからこそ、その不思議は最後の最後に、あるいは最初の最初に、究極的に大日如来の存在の「大不思議」に行き着くのである。

ここに一言す。不思議ということあり。事不思議あり。物不思議あり。心不思議あり。理不思議あり。大日如来の大不思議あり。予は、今日の科学は物不思議をばあらかた片づけ、その順序だけざっと立てならべ得たることと思う。（中略）心不思議は、心理学というものあれど、これは脳とか感覚諸器とかを離れずに研究中ゆえ、物不思議をはなれず。したがって、心ばかりの不思議の学というもの今はなし、またはいまだなし。次に事不思議は、

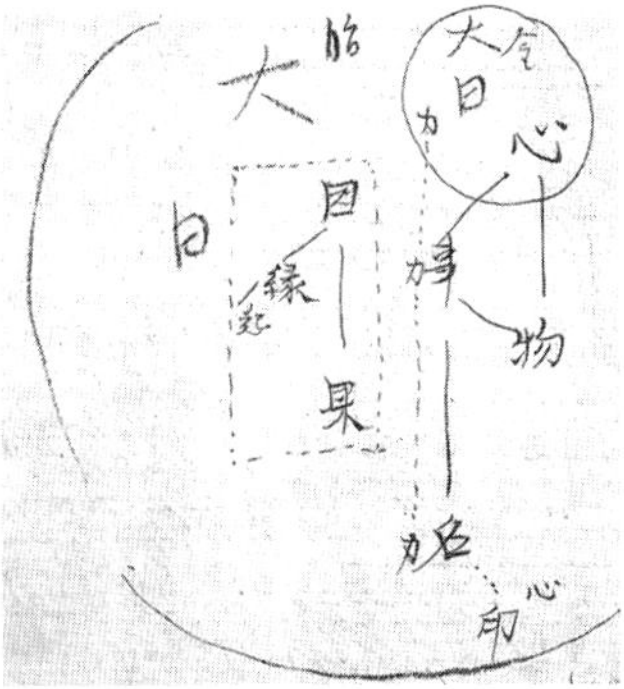

胎蔵界大日如来と金剛界大日如来と事・物・名との関係性
（土宜法龍宛書簡　1903年（明治36年）8月8日付）

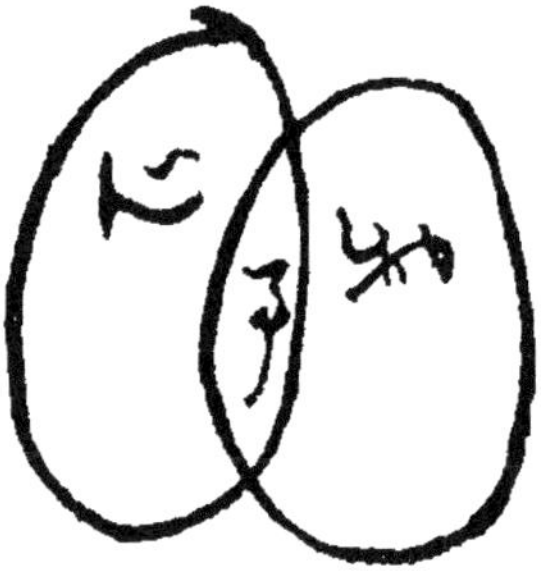

物と心と事との関係図
（土宜法龍宛書簡　1903年（明治36年）12月24日付）

数学の一事、精微を究めたり、また今も進行しおれり。（中略）

（ヌ）ごときに至りては、人間の今日の推理の及ぶべき事理の一切の境の中で、（この図に現ずるを左様のものとして）（オ）（ワ）の二点で、かすかに触れおるのみ。（ル）ごときは、あたかも天文学上ある大彗星の軌道のごとく（オ）（ワ）の二点で人間の知りうる事理にふれおる（ヌ）、その（ヌ）と少しも触るるところないが、近処にある理由をもって、多少の影響を及ぼすを、わずかに（オ）（ワ）の二点を仲媒として、こんな事理ということは分からぬながら、なにか一切ありそうなと思う事理の外に、どうやら（ル）なる事理がありそうに思わるるというぐらいのことを想像しうるなり。（中略）

さてこれら、ついには可知の理の外に横たわりて、今少しく眼境を（この画を）広くして、いずれかにて（オ）（ワ）ごとく触れた点を求めねば、到底追蹤《ついじゅう》に手がかりなきながら、（ヌ）と近いから多少の影響より、どうやらこんなものがなくてかなわぬと想わるる（ル）ごときが、一切の分かり、知りうべき性の理に対する理不思議なり。さてすべて画にあらわれし外に何があるか、それこそ、大日、本体の大不思議なり。（中略）図中（イ）のごときは、諸事理の萃点《すいてん》ゆえ、それをとると、いろいろの理を見出すに易くしてはやい。

（『南方熊楠全集』第七巻、三六四〜三六六頁、一九〇三年七月十八日付、土宜法龍宛書簡）

ここで熊楠は、「不思議」に五種類がある、と区別する。

①事不思議
②物不思議
③心不思議
④理不思議
⑤大日如来の大不思議

この五種類である。そのうちの四つを出来事（事不思議）、個物存在（物不思議）、心のはたらき（心不思議）、メカニズム（理不思議）と言い換えることができる。確かにこれらの「不思議」も「不思議」ではあるが、しかしそれらを包み超えてもっとも「不思議」なのは、大日如来の「大不思議」である。なぜならそれなくしては、世界は、存在は在り得ないからである。だからこそ「大不思議」なのである。

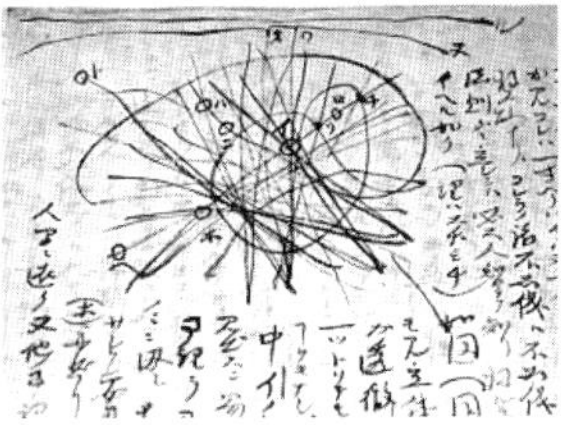

五つの不思議と萃点との関係図
（土宜法龍宛書簡　1903年（明治36年）7月18日付）

　それは認識対象を超えて実在する。そのような実在の不思議、永遠の相にハレーションを起こし眩暈《めまい》しないためにも、認識世界の「不思議」を解明しなければならない。それが、物不思議の究明としての物理学、心不思議の究明としての心理学、事不思議の究明としての数学、理不思議の究明としての理学（自然科学）となるが、それらの学問もまだまだ発展途上にある。

大事なことは、こうした学問的な認識の根源に大日如来の「大不思議」があり、現象世界の事理の交錯の中に、「萃点」と呼ぶべき事理集結の交点があることである。それをキャッチすること。大切なのはそのことだ。ものごとの集結点である「萃点」を掴む。学問においても、生きる上でも、そこが肝心かなめ。南方熊楠はそのようにメッセージすることになる。

観察と聴取——その分子的解像

熊楠の探究の基礎にあるのは、その鋭敏で微細な観察と聴取である。微細ということは微分的に世界を見ることができるということである。それを現代の自然科学の領域に置き換えると、分子の反応過程としての分子生物学になるが、そのミクロ領域とそれを包含するマクロ領域の生態学（生物環境学）を架橋する探究ということになる。熊楠も賢治も当時最新の分子生物学的視点と生態学的視点の両方を持っていた。

熊楠については、アメリカ留学中も顕微鏡をけっして手放すことがなかったということが、日常的にそのような物の見方をしていたことをよく表わしている。世界を微分的に、分子的な生成反応の過程として見て取る。熊楠は帰国後、土宜法龍宛の霊魂の死と不死に論及した書簡の中でこう述べている。

細微分子の死は微分子の生の幾分又全体を助け、微分子の死は分子の生の幾分又全体を助け乃至鉱物体、植物体、動物体、社会より大千世界に至る迄みな然り。但し此細微分子の生死、微分子の生死、乃至星宿大千世界の生死は一時に斉一に起り一時に斉一に息まず、常に錯雑生死あり。又生死に長短の時間あればこそ世間が立ちゆくなり。（『高山寺蔵　南方熊楠書翰』No.26 土宜法龍宛明治三十五年・一九〇二年三月二十五日付、二六〇頁）

ここで熊楠は、土宜法龍の「霊魂、死不死の安心を問う」という投げかけに対して、霊魂に不死はないとの自説を述べた上で、死と不死との関係性を分子レベルの階層秩序形成を事例に挙げて論及する。熊楠によれば、分子には、下位から、①細微分子、②微分子、③分子の三段階がある。これらが寄り集まって、さらに上位の構造体である鉱物・植物・動物・社会をつくり、「大千世界」ができ上がっている。ここにそれぞれの階層レベルで生死があり、その生死にいささかのタイムラグがあるゆえ、ダイナミックな運動と構造が維持されている。そこではいつも、「錯雑生死」が起こっていると説く。

熊楠は後に神社合祀反対運動を繰り広げていくが、その際、和歌山県知事川村竹治宛書簡の中で、「千百年来斧斤《ふきん》を入れざりし神林は、諸草木相互の関係はなはだ密接錯雑致し、近ごろはエコロギーと申し、この相互の関係を研究する特種専門の学問さえ出で来たりおることに御座候」（『南方熊楠全集』第七巻、五二六頁）と述べている。相互関係が「密接錯雑」するところに生命の実態ダイナミズムがあると考えているのだ。この「錯雑」こそ、複雑多様形の世界と生命にとって鍵語《かぎ》となる。

加えて、「変化輪廻」というキーワード。

変形菌は、生死の定なきを示す最好例なれば特出せり。但し微分子の死は分子の生、分子の死は体の生、といふことは万物同一なるも、此物を好例として出せり。故に本書いふ処の変化輪廻は此物にのみ止る狭き法に非ず。実は宇宙間の事相皆《み》な此の如くなるを出ず。
（同、二六五頁）

熊楠は粘菌などの変形菌の事例を挙げて、より基層の「微分子の死」がその上で運動する「分子の生」となり、また「分子の死」がその上位体であり包摂体である「体の生」となるという「変化輪廻」論を展開する。このような構造は「宇宙間の事相」であって、すべての事象に共通する、と熊楠は考えた。生態学はそのような「変化輪廻」の「事相」の総体である。

このような論及の後に、熊楠は「心の分子」構造というアナロジーを提示する。そこで「心分子」は、ミクロな下位レベルからすると、真ん中に位置することになるが、全体は、①心極微子、②心微子、③心分子、④心体（個体身体）、⑤心団、という階層的拡大構造を成すと考える。そしてこれを、「心の変化転生の一種の絵曼陀羅（記号《シンボル》）」と定位し、さらに敷衍《ふえん》して、「個心死→一心成→一心死→衆心死」という心の拡充と死の過程を見る。

　まことに自家撞着（心には分子あるべき筈なければ）ながら、心極微子、心微子、心分子、心部分、心体［箇人身に相応］、心団（物体上の社会に相応す）といふを要す。これにて大体右の変形菌体の生死不断なるに比して、予の講ずる心の生死の工合《ぐあ》ひも分るべし。取も直さず右の図をただ心の変化転生の一種の絵曼陀羅（記号《シンボル》）と見て可なり。而して箇心不常、心心分離、一心死他心成、衆心死一心成、一心死衆心死は、予ほどには委《くわし》く説《とか》ぬが、西洋にも理窟づめから、万有は心の顕象なり、煉瓦石にも心あり、其分子にも亦心分子あり位のことは分りかけたる輩多く科学者にもあるなり。
　○扨上述の心《マインド》といへるは、精神《スピリット》が物体に映じて成出せるものなれば、決して精神に非ず。況《いわ》んや霊魂《ソール》 Soul に非ず。
　これは猶太《ユダヤ》教の密教の曼陀羅ぢや。像画をかかず、又泰山府君とか黒女天とかちもなきものを入れぬだけ日本の真言よりはよい。扨無終無始の霊魂が精神に化し、精神が諸元素に接して父母の体より人の体と人の心を生ず。それがいはば地球は《ママ》も月も日より分れながら、已《すで》に分れた以上は日と別にして日蝕を生ずる如く、迷途幽冥を生じ色々とさまよふこともあるなり。（これは例の予の手製のたとえ）扨一寸解脱して心を脱して精神界に上るも、なほ霊魂の沌に復せず、（所謂天部位いのもの）一躍霊魂に復すれば至楽至聖といふなり。（密教に至ては何の宗旨にも上帝などと馬鹿なことはいはぬ。真言に別に釈迦をいはぬと同じ）

右の如き故、人体のみか人心も亦（乃ち人の体心相偕ふてといひたいが、心健に身病み、身健に心曲れるも多き故、上の如くいふ）業によりて善悪動静す。終て、無終始の大日金界に復するの見込みは之れなきもの一つもなし。これ迄は。。の処多少違ふのみ。貴問に同じ。

（同、二五九〜二六二頁）

熊楠は、霊魂と心の関係や死と不死との関係をこのように述べつつ、霊魂《ソウル》と精神《スピリツト》と心《マインド》と体の関係を層的かつ相依的にとらえ、これをユダヤ教の密教、すなわちカバラ流「曼陀羅」だと比定する。そして、究極的には、無始無終の金剛界大日如来の心に帰一すると説くのである。これをさらに敷衍して、翌年にしたためた土宜法龍宛書簡の中で、熊楠は「淫慾」（性欲）

を引き起こす「淫念」から「美観美想」や「妙想」に至るメカニズムを次のように説明する。

精神上の快楽高まるときは凡下卑根の淫慾等の楽は多少薄《うすら》ぐものなるは、小生親ら之を永く経験して□る。図の如く、十五箇の下等淫念分子あらんに、【図】なる外被に三箇なり五箇なりつつむ（外被は精神上の快楽）此外被は淫念自身より生ずるものなり。（たとえば淫猥のはやり唄の嗜好）然るときは淫念の量が外被に投資せしだけ減ず。それより淫念の箇に活動中止して（三）の如く三淫念分子合して僅《わず》かに一淫念の動力あるに至る。外被は（二）のときより大になる。（恋の和歌でも妬みの歌、失望の歌等楽む嗜好、女とあひたるときの歌、後朝《きぬぎぬ》の歌等）なほ此曼陀羅が転化して三個五個固定の淫念が外被の拡張に従ひ減量して（四）の如くなる。（僅かに最初の恋といふ名のみ留めて、実は淫念に関係なき寄松恋、寄浪恋　老後恋のるい）それより（五）に至りては恋の名も滅却して、純粋の美観美想となる。（六）（七）（八）と順序して此観のみ増大す。而して前書いふ如く、人間の妙想は数に関係なきもの故、いかに増加するといふも他のもの減ずるにも非ず。ただこれのみ拡張専心に

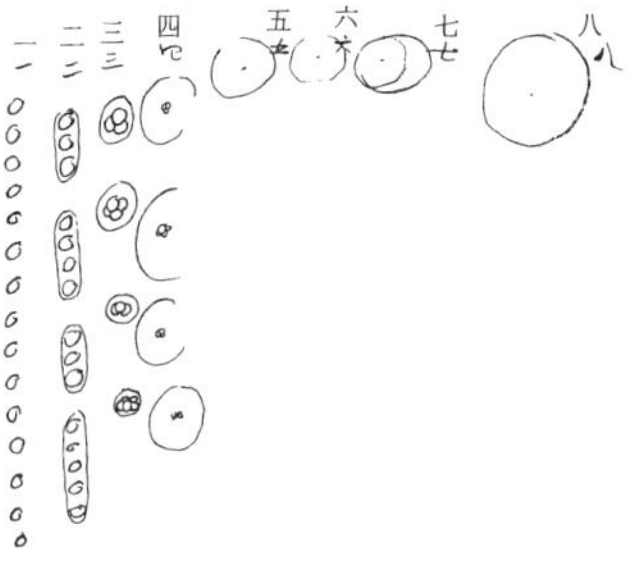

して他のものに妨障されぬなり。右は縁で示す故、不得多少大小損増損等の名をも用るは止を得ぬが、実は益々専《もっぱ》らになるならぬの話しで、此妙想はいかに取るも汲むも悉《つ》きぬなり。

今の哲学者の如く「カント」はどういふたとか、「ヘーゲル」は何といふ定論とか、そんなこと皆誦したりとて哲学史に精《くわ》しといふのみ。実は法相も真如も見様、聞き様でいかやうともなる。

一といふは二を二で割たものと思ふといふが、通常又一を一で乗じたといふも、二分一に二分一を合したといふも通常なり。然しながら妙想を楽《たのし》むといふことは、之を色々に見なすことにあるなり。たとえば百に百を乗じ万となり、それより一を九千九百九十九回減じても一となる。又一に一を千回加え千一として、それより万の十分一、即ち千を減ずるも一なり。見様聞き様は決して悉きぬなり。

されば其人の賢愚智不肖に応じ、なるべく此精神上の楽を多くして、卑下猥雑の飲食、婬事の楽等を何となく忘却せしむるに至らしめんこと、尤も願はしきことと小生は思ふ。

（同、三一一―三一二頁）

熊楠は肉体的性欲と精神的快楽との違いと変動過程を、「淫念分子」から「美観美想」や

「妙想」への転換のメカニズムとして解析する。そしてそれぞれの「念」の段階に「此曼陀羅」がある。そこでは、曼陀羅とは一つの段階ないし過程にあるマトリックス組織である。プラトンは、『饗宴』の中で、ソクラテスが語るエロス説として、一個の肉体の美への関心から始まるエロスの律動が、複数の肉体の美への関心、精神の美への関心、叡智への関心を経て、美のイデア（実在）に参入していくという段階的な恋《エロス》の上昇の道を示しているが、その段階説に似ていなくもない。後で（六四頁参照）、

賢治の「宗教情操→恋愛→性欲」という愛（慈悲）の下降の道を検討するが、エロス的段階を想定する点で熊楠と賢治は共通する。

中でも、熊楠らしくて興味深いのは、このイデアが仮に「1」だとして、その「1」に至る方策に種々の辿《たど》り方があると具体的な計算式で示している点だ。熊楠は言う。「1」を得るにもさまざまな方式（妙想）があるが、それはたとえば、

2÷2＝1

1×1＝1

1/2＋1/2＝1

100×100－（1－1－1…）＝1

$$1001(1+1+1\cdots)-10/10000=1$$

といったごとく、無数に考えられる。その方式は千差万別、融通無碍《むげ》だ。がゆえに、「1」で表わすこともできる「法相も真如も見様、聞き様でいかやうともなる」ということになる。「1」を導き出すにも、さまざまな道がある。分子の離散集合もその方式は無数無量にあるということになる。このあたり、熊楠論法の独壇場である。

　このようにして、熊楠は、微小なる細微分子などのミクロレベルから極大なるマクロレベルまでを串刺しにする共通構造を見て取るが、その極大の宇宙の極まりなさを土宜法龍にこう書き送っている。

> 大乗は望みあり。何となれば、大日に帰して、無尽無究の大宇宙の大宇宙のまだ大宇宙を包蔵する大宇宙を、たとえば顕微鏡一台買うてだに一生見て楽しむところ尽きず、そのごとく楽しむところ尽きざればなり。（『南方熊楠 土宜法竜 往復書簡』三〇〇頁、八坂書房）

大乗仏教にも、真言密教にも大いに可能性がある。なぜかと言うに、宇宙を何段階にも包摂する大宇宙の無尽無究の現象と構造をすべて大日如来に帰して見飽きることがないからだ。微細分子から大宇宙までをつらぬき串刺しにするこの分子構造の通有性。

これに対して、賢治の分子感覚とはいかなるものか？

賢治の遺作となった昭和八年（一九三三年）に書いた短編小説に「疑獄元兇」と題する作品がある。ここには、元鉄道大臣小川平吉が疑獄により逮捕された時のことが書かれているのだが、奇怪なことに、その中に、「いつか向ふが人の分子を喪《な》くしてゐる。皮を一枚脱いだのだ。小さな天狗のやうでもある。それから豺《さい》のトーテムだ」という不思議な知覚の錯綜と存在変容のさまが描かれている。それは検事と被告の小川平吉が向き合っている心の風景を描いたところなのだが、唐突に検事の「分子」が「喪く」なり、「天狗」のようになり、とどのつまり「豺のトーテムだ」となる。

じつに神秘不可思議な光景で、検事室での取り調べの状況とはとても思えない。この後、取調官の検事は、「頬が黄いろに光ってゐる。白い後光も出して来た」と変貌する（『新校本 宮澤賢治全集』第十二巻、三〇八頁、筑摩書房）。宮沢賢治は、「疑獄」事件の取り調べの真最中に当事者の小川平吉の視覚がこのような理解しがたい身心変容を引き起こすことをこともなげに書き記している。賢治は生命と世界がそうした分子の運動体であることをさまざまな事例を通してくりかえし語っているのである。

熊楠も賢治も物質の反応過程に目を凝らすと同時に、物質を超える五感では捉えられない世界にも同様の探究心を示した。五感の彼方へ、熊楠と賢治は勇敢にもそのような超感覚的世界にも恐れず越境していく。

第四次延長と認識

宮沢賢治は、明治二十九年(一八九六年)八月二十七日、岩手県花巻に生まれた。生家は質屋で、南方熊楠同様、裕福だった。長男として生まれたので、後を継ぐことを期待されたが、子どもの頃から賢治は熊楠同様、野に出て物事を実地に観察することが好きだった。今風に言えば、二人のM・Kは「フィールドワークの知」に魅せられた子どもであった。

そのフィールド、野山には動物や植物などさまざまな生き物がいたが、賢治はそれらに興味を持つことはもちろん、それ以上に、石や鉱物に深い関心を抱いた。野山からさまざまな石を拾い集めてきて、「石っこ賢さ」と呼ばれるほどだった。この「石っこ」の世界こそ、銀河の記憶と記録の痕跡なのだった。石の中には地球生成の記憶が刻み込まれている。樹木の年輪のように。そのような記憶と記録を読み取る地質学を賢治は構想した。大正十三年(一九二四年)に自費出版した『春と修羅』の「序」の後半部は次のように結ばれている。

けれどもこれら新〔生〕世代沖積世の

巨大に明るい時間の集積のなかで
正しくうつされた筈のこれらのことばが
わづかその一点にも均しい明暗のうちに
　（あるひは修羅の十億年）
すでにはやくもその組立や質を変《へん》じ
しかもわたくしも印刷者も
それを変らないとして感ずることは
傾向としてはあり得ます
けだしわれわれがわれわれの感官や
風景や人物をかんずるやうに
そしてたゞ共通に感ずるだけであるやうに
記録や歴史、あるひは地史といふものも
それのいろいろの論料《データ》といつしよに
（因果の時空的制約のもとに）
われわれがかんじてゐるのに過ぎません
おそらくこれから二千年もたつたころは

それ相当のちがつた地質学が流用され
相当した証拠もまた次次過去から現出し
みんなは二千年ぐらゐ前には
青ぞらいつぱいの無色な孔雀が居たとおもひ
新進の大学士たちは気圏のいちばんの上層
きらびやかな氷窒素のあたりから
すてきな化石を発掘したり
あるひは白堊紀砂岩の層面に
透明な人類の巨大な足跡を
発見するかもしれません

すべてこれらの命題は
心象や時間それ自身の性質として
第四次延長のなかで主張されます（『新校本 宮澤賢治全集』第二巻、八―一〇頁、筑摩書房）

「新〔生〕代沖積世」とは、約一万年前ぐらいから現代までの地質年代を言う。そのおよそ一万年ほどの時間の集積の中で正しく映されたと思われる言葉でさえも、あくなき闘争をくりかえしてきた生命世界の「修羅の十億年」の中では、その巨大な時間の中のほんの一瞬のようなわずかな点滅の過程で、実際にはその「組立」や「質」を変容させてきた。ただし、それを変わらないもののように感じてしまう「傾向」や「共通」性はある。だが、それも「二千年」も経てばだいぶ変わってしまう。

こうして賢治は、未来の地質学や考古学や生物学について、あるビジョンを語ることになる。つまり、今私たちが持っている科学的認識というものは、とりあえず、今組み立てられている感覚の編成とデータ（論料）の俎上と枠内にあるのであって、未来科学が発展してアプローチも方法論もデータも異なったものとなれば、今とはまったく異なる地質学や考古学や生物学や進化論が生まれてくる。たとえば、蒼穹《そうきゆう》いっぱいに無色の孔雀が棲息して居たり、大気圏の最上層から化石を発掘したり、白亜紀の砂岩の地質層の中に巨大な人類の足跡を発見したりするかもしれない。このように、時とともに、認識世界の構造も、認識図式も、事実と呼ばれるものも、「第四次延長」という時空の中でみなその時どきに様変わりし変容していくものである。

そのような一種仏教的唯識論と科学的認識論をミックスしたような認識進化論を『春と修羅』の「序」で賢治は展開する。つまり、『春と修羅』という詩集の体裁を持った「心象スケッチ」は、詩的に表現された認識論と未来科学の構想とビジョンに貫かれた書なのである。

けれども、同時代の誰が、一見詩集にしか見えないこの特異な書をそのような未来科学的かつ哲学的（形而上学的）認識論として理解しただろうか？　南方熊楠の「不思議」論ではないが、この「心象」や「時間」や「第四次延長」の理路の持つ構想力は、ほとんど誰にも正当に理解も評価もされることなく、まさにそれ自体矮小化された意味での意味不明の詩的文言と思われたのである。

こうして、二人のM・Kは宇宙の闇の中で孤独なメッセージを発している。一人はユーラシアの地の果ての島国から、もう一人は「修羅の十億年」の時の果てから。この二人が放ったビジョンとメッセージは間違いなく百年以上は早かった。今なら、この二人の伝えようとしたことを別の文脈に置き換えて理解することができる。

わたくしという現象

賢治が壮大なる野心と大自信を持って一〇〇〇部自費出版した最初の著作である心象スケッチ集『春と修羅』の冒頭の「序」は、次のように始まる。

わたくしといふ現象は

仮定された有機交流電燈の
ひとつの青い照明です
（あらゆる透明な幽霊の複合体）
風景やみんなといつしよに
せはしくせはしく明滅しながら
いかにもたしかにともりつづける
因果交流電燈の
ひとつの青い照明です
（ひかりはたもち、その電燈は失はれ）

これらは二十二箇月の
過去とかんずる方角から
紙と鉱質インクをつらね
（すべてわたくし〔し〕と明滅し
　みんなが同時に感ずるもの）
ここまでたもちつゞけられた

かげとひかりのひとくさりづつ
そのとほりの心象スケッチです

これらについて人や銀河や修羅や海胆《なまこ》は
宇宙塵をたべ、または空気や塩水を呼吸しながら
それぞれ新鮮な本体論もかんがへませうが
それらも畢竟《ひつきよう》こゝろのひとつの風物です
たゞたしかに記録されたこれらのけしきは
記録されたそのとほりのこのけしきで
それが虚無ならば虚無自身がこのとほりで
ある程度まではみんなに共通いたします
(すべてがわたくしの中のみんなであるやうに
みんなのおのおののなかのすべてですから)(『新校本 宮澤賢治全集』第二巻、七―八頁、筑摩書房)

ここで示されている「わたくし」は次のような特質と現象過程を持つ。

①私は仮定された有機交流電燈の一つの青い照明である。
②またそれは、風景や他者と一緒に忙しく明滅する因果交流電燈の青い照明でもある。
③その私という存在は、「透明な幽霊の複合体」である。
④電燈は仮定され、この世に仮設されたものなので、明滅が終われば、消えることがあるが、しかしそれを燈《とも》し続ける電流源である「ひかり」は保たれる。

宮沢賢治は、自分を一個の「電燈」と考えた。それでは、その電燈の電源はどこにあるのか？

それを彼は、「銀河系統」とも「第四次延長」とも法華経「第十六如来寿量品」が説く「久遠実成の本仏」とも考えた。要するに、電燈を明滅させる宇宙電流（銀河電流）があり、その光を送信してくる「本体」がある。そのような「本体」の根源に永遠の仏（久遠実成の本仏）がいる。

しかし、この世の電燈はあくまでも「仮定」されたもので、実体性を持たず、明滅し、その時どきに現象するばかりである。そしてまた別のところで別の電燈になって明滅することもある。そのような輪廻転生の変容を引き起こしながら、私という存在は「透明な幽霊の複合体」

として、複層的に現象し生成している。

賢治は、「人や銀河や修羅や海胆」は「宇宙塵」を食べたり、「空気や塩水」を呼吸しながら、「それぞれ新鮮な本体論」を考えるという。

人や修羅が宇宙塵を食べ、空気や塩水を呼吸することはわかる。海胆がそうすることも、わかる。だが、銀河もそのような、食べたり呼吸したりする主体であるというのは、比喩的には理解できるが、実体的にはよくわからない。しかも、それらがみなそれぞれの本体論（存在論）を考えるというのだから。

とすれば、賢治にとって、主体や主語となる存在は多次元的に披《ひら》かれ、それぞれの存在形態と存在世界を生き、現象し、認識しているということになる。それらそれぞれが個別に新鮮な本体論を「かんがへ」ることができるのだから。つまり、思考の形態は各種各様にある、多元的にある、ということである。人間だけが思考主体になるというようなみみっちい人間（中心）主義を宮沢賢治は採らない。存在世界も認識世界も多次元的に披かれてある。それが「第四次延長」の世界である。

この『春と修羅』の「春」とは、そのような「ひかり」の送信元の銀河や久遠実成の本仏を象徴している。それに対して、「修羅」とは、「わたくし」として明滅し、苦悩や瞬間の喜悦に一喜一憂するせわしく忙し気な現象態である。その現象態の感官に映し出された「風景」や

「けしき」や「みんな」が、この『春と修羅』にスケッチされた点滅事象である。私はその事象をあるがままに映し、「こゝろのひとつの風物」としてそのまま記録しただけである。だから、そこに映し出され、スケッチされたものが「虚無」ならば、事象そのものが虚無なのであって、世界はそのようにある、ということである。

だからこそ、「すべてがわたくしの中のみんなで」、かつ、「みんなのおのおののなかのすべて」なのである。私の中に「みんな」が映ずるし、「みんな」それぞれの中に「すべて」があるし、映り合う。こうして世界はホログラフィックなネットワークの中にある。

宮沢賢治が『春と修羅』の「序」で言わんとしていることを分節すれば、およそ以上のようになる。これは華厳経や密教の「重重帝網」の捉え方と共通する。

透明な幽霊の複合体と複心

宮沢賢治が「透明な幽霊の複合体」として「わたくし」を捉えていたことは、南方熊楠が自己の心を「複心」と捉えていたことと通じるものがある。

熊楠は言う。

この世界のことは決して不二《ふに》ならず〔一つではない、一つとして同じものはない〕、森羅万象すなわち曼陀羅なり。その曼陀羅力を応用するの法およびその法あるべき理論を精述するなり。むやみに未熟で世に出すときは大害を生ずるものゆえ、まず仁者に真言として伝えんと思うなり。事実の条述は大抵左のごとし。（一）箇人心は単一にあらず、複心なり。すなわち一人の心は一にあらずして、数心が集まりたるものなり。この数心常にかわりゆく、またかわりながら以前の心の項要を印《しる》し留めゆく（このことは予実見せしことなり）。（二）しかるに、複心なる以上はその数心みな死後に留まらず。しかしながら、またみな一時に滅せず、多少はのこる（予は永留の部分ありと信ず）。（三）右を実証す。（四）天才《ジエニアス》（genius）のこと。坐禅などはこの天才を涵養《かんよう》する法なり。しかるに、なにか大胆になるとか不平をしのぐとか心得は残念なり。不意に妙想出で、また夢に霊魂等のことあり。これ今日活動する上層の心機の下に、潜思陰慮する自心不覚識（アラヤ）の妙見をいう。（中略）（五）静的神通（遠きことを見る、聞く等なり）。（六）幽霊。（七）動的神通（遠きことを手でかきまねて示す等なり。南方金粟如来の秘密事なり）。（八）入定。（九）実用。（十）教用。（十一）真言宗向来の意見。

（『南方熊楠全集』第七巻、四六五―四六七頁、一八九四年三月二十四日付、土宜法龍宛書簡）

熊楠によれば、世界は「不二」ではない。賢治風に言えば、「各別各異」に生きている（「まづもろともにかがやく宇宙の微塵となりて無方の空にちらばらう／しかもわれらは各々感じ　各別各異に生きてゐる」『農民芸術概論綱要』「農民芸術の綜合」)。それは、「森羅万象」が個別多様でありつつ「各別各異」に「密接錯雑」し合っている「曼陀羅」であるということである。

その森羅万象曼陀羅の中にあっては、個人の「心」は「単一」ではなく、「複心」である。賢治風に言えば、「透明な幽霊の複合体」。だから、人の「心」は一つではなく「数心」が集まったもので、それは点滅・明滅し、常に変わりゆく。しかし、変化しつつも、以前の「心の項要(印象)」を印づけ、刻み、スケッチする。

この「複心」の内、多くの「数心」が死後も留まるわけではなく、少しは残存する。「永留」(永続、霊魂不滅)するものもある。「天才」というのも、そうした「心」、すなわち意識の層のありようと関係する。たとえば、ふと良い考え(妙想)が浮かんだりすることがあるが、これらは仏教にいうアーラヤ識(阿羅耶識)の生み出す「妙見」である。意識は表面的で顕在的な「上層の心機」、つまり自我意識的な理性的表層意識がはたらいているが、その下層には潜在的な「潜思陰慮する自心不覚識」たるアーラヤ識がある。

だからこそ、そのような潜在意識のはたらきを用いて、遠くを見たり聞いたりするテレパシー的な「静的神通」や、遠くのものを近くに呼び寄せるテレポート的な「動的神通」などの「神通力」も発現する。また、「即身成仏」も可能である。このような神秘現象が起こる機序(メカニズム)というものが、実はあるのだ。そのような考えを、熊楠は後に高野山真言宗の管長になる真言僧土宜法龍に書き送った。

熊楠と賢治には、基本的に仏教的な縁起や無常の思想がある。森羅万象は留まることなく変転し、生成変化する。しかし、そのような変化相を生み出す本体としての真言密教の大日如来や久遠実成の本仏が想定されている。縁起的関係性と本体論的な実在性の両極を、二人の思考は楕円軌道でめぐる。一方では現象学的な微分思考の分子生態学の列車に乗って、他方では形而上学的な永遠思考の霊子生態学の列車に乗って。そんな両極の緊張とダイナミズムの中で、二人のM・Kの果敢な探究と表現が生まれたのである。

或る心理学的な仕事と実験

賢治がテレパシーに関心を持っていたことは、『銀河鉄道の夜』第三次稿を読むとよくわかる。賢治はそこで、ブルカニロ博士にテレパシー実験をさせている。拙著『「銀河鉄道の夜」精読』（岩波現代文庫、二〇〇一年）や『霊性の文学誌』（作品社、二〇〇五年）でもいくらか触れたことだが、宮沢賢治の最初の自費出版本の『春と修羅』自体が、実は熊楠の言う「変態心理」についての心理学的研究・表現の作業だった。『春と修羅』を出したほぼ一年後の大正十四年（一九二五年）二月九日、賢治は年少の友人森佐一に次のような手紙を出した。

前に私の自費で出した「春と修羅」も、亦それからあと只今まで書き付けてあるものも、これらはみんな到底詩ではありません。私がこれから、何とかして完成したいと思って居ります、或る心理学的な仕事の仕度に、正統な勉強の許されない間、境遇の許す限り、機会のある度毎に、いろいろな条件の下で書き取って置く、ほんの粗硬な心象のスケッチでしかありません。私はあの無謀な「春と修羅」に於て、序文の考を主張し、歴史や宗教の位置を全く変換しやうと企画し、それを基骨としたさまざまの生活を発表して、誰かに見て貰ひたいと、愚かにも考へたのです。あの篇々がいゝも悪いもあったものでないのです。私はあれを宗教家やいろいろの人たちに贈りました。その人たちはどこも見てくれませんでした。（『新校本 宮澤賢治全集』第十五巻、二二二頁、筑摩書房）

賢治は、『春と修羅』は「或る心理学的な仕事」の下準備のための下書きのようなものだと言っている。さまざまな機会に遭遇して映じてきた「風景」や「けしき」や「みんな」をごく粗っぽくスケッチしたもの。その「序文」で、「わたくしといふ現象」や「それぞれの新しい本体論」や「第四次延長」の可能性を示し、「歴史と宗教の位置を全く変換しようと企画」した。そして、宗教の新次元を拔き、歴史軸を「第四次延長」として立体化し、そこにおけるわたしたちがまだ気づかずにいる未知なる世界感覚を開示しようとした。自分が一番やりたいことは、そんな、認識のコペルニクス的な転回を伴う「或る心理学的な仕事」なのだ。

では、具体的にそれは何かといえば、実は、透視やテレパシー実験などを含む、心の不思議な次元と作用の解明である。当時の言葉で言えば、変態心理学、その後の用語では超心理学や異常心理学や深層心理学やトランスパーソナル心理学の問題領域であった。

『春と修羅』「序」の最後は、「これらの命題は／心象や時間それ自身の性質として／第四次延長のなかで主張されます」とあった。宗教的観念や思想やイメージや時間の枠組みの中で、遠くのものが今に、過去が現在に、未来がまた現在に直結し、過去現在未来が直線的で連続的な時系列ではなく、非連続的な連続の中で相互にループするような、自在な交通が可能な時間と歴史記述。そんな不思議を内在させ、しかしそれが単に不思議という捉え方でなく、ありのままに生起し偏光する形を記述し表現するもの。

賢治が『春と修羅』で目論んだ冒険とは、そのようないまだかつてまだ誰も行ったことのないような変態心理学的実験であった。

その実験を後日賢治は、『銀河鉄道の夜』第三次稿に表わした。ブルカニロ博士のジョバンニに対するテレパシー実験として。だが、この場面は第四次稿ではすべて削除した。一般にわれわれが読む未完成稿の『銀河鉄道の夜』は、その第四次稿に基づいているので、このくだりは一般にはあまり知られていない。第三次稿のブルカニロ博士はジョバンニに次のように語る。

ありがたう。私は大へんいゝ実験をした。私はこんなしづかな場所で遠くから私の考を人に伝へる実験をしたいとさつき考へてゐた。お前の云つた語はみんな私の手帳にとつてある。さあ帰つておやすみ。お前は夢の中で決心したとほりまつすぐに進んで行くがいゝ。そしてこれから何でもいつでも私のところへ相談においでなさい。（『新校本 宮澤賢治全集』第十五巻、一七六頁、筑摩書房）

『春と修羅』「序」で言う「第四次延長」とブルカニロ博士が言う「実験」とは密接につながっている。それは時空融合するテレパシックな認知のありようである。博士の「実験」は「遠くから私の考を人に伝へる実験」である。それはテレパシーの実験そのものである。賢治はこのような「実験」を含む「或る心理学的な仕事」の実行を構想していたのだ。

植田敏郎は『宮沢賢治とドイツ文学〈心象スケッチ〉の源』（大日本図書、一九八九年）の中で、宮沢賢治には日本に心理学という学問を導入した東京帝国大学文科大学心理学教授の元良《もとら》勇次郎の『心理学概論』の影響があったことを指摘している。この元良勇次郎の愛弟子が「千里眼事件」で東京帝国大学助教授を辞任することになった福来友吉《ふくらいともきち》である。

さまざまなアプローチを駆使して心という内界の現象の解明をめざした初期の心理学におい

て、透視や念写は人間の持つ不思議な心的能力を実験的に解明するまたとない現象であった。福来は東京帝国大学で複数の科学者の立ち合いのもと、二度にわたる「千里眼」の公開実験を実施するが、それが「手品」であると疑われ、その疑惑を晴らすことができぬまま東京帝国大学助教授の座を追われることになった。

宮沢賢治はこの事件が起きた明治四十三年（一九一〇年）、盛岡中学校の二年生として在学する十五歳の少年であった。世上を騒がせた「千里眼事件」のニュースを新聞などで見て、賢治は心霊研究や超能力研究を含む新しい心理学の動向に関心を向け始めていたかもしれない。それが、後の『春と修羅』の「或る心理学的仕事」となり、『銀河鉄道の夜』でのテレパシー「実験」となった。

賢治は先の手紙の中で、大胆不敵にもこの「心象スケッチ」が「歴史や宗教の位置を全く変換しようと企画」したもので、「それを基骨としたさまざまの生活を発表して、誰かに見て貰ひたい」と大いに期待していた。だが「宗教家」もその他の人々も、「どこも見てくれませんでした」とひどく落胆している。関東大震災からまだ一年も経たない時期に『春と修羅』という不思議な詩集のようなものを送られてきた「宗教家」たちの戸惑いが想像できる。

実際、現在の私たちが読んでも、『春と修羅』という賢治の「心象スケッチ」は大変難解で独創的だ。百年近く前のほとんどの人に理解されなくても当然のことだった。その誰にもわかってもらえない「心象スケッチ」の「第四次延長」とは、繊細微妙にかつ強靭無比に変容する意識の高次元認知のありようを探究するものであった。

宇宙感情とすきとおったたべもの

この手紙を書いた一年後の大正十五年（一九二六年）、宮沢賢治は花巻農学校教諭を辞職して、羅須地人協会を設立し、そのマニフェストとして『農民芸術概論綱要』を書き上げた。その中で、賢治は繰り返し「意識」および「無意識」という語を用いてその進化（深化）と開放を説いた。たとえば、「序」の「自我の意識は個人から集団社会宇宙と次第に進化する／この方向は古い聖者の踏みまた教へた道ではないか／新たな時代は世界が一の意識になり生物となる方向にある／正しく強く生きるとは銀河系を自らの中に意識してこれに応じて行くことである」では、「意識」の「進化」発展のさまが示され、それは「古い聖者」の実践しまた「教へた道」であるとする。それは、「宇宙」や「銀河系」に向かって「進化」し、それに感応していく道である。それはまた、『春と修羅』の「序」で提起した「第四次延長」の別の表現であった。

農民芸術とは宇宙感情の　地　人　個性と通ずる具体的なる表現である
そは直感と情緒との内体験を素材としたる無意識或は有意の創造である（「農民芸術の本

質」）

感受の後に模倣理想化冷く鋭き解析と熱あり力ある綜合と
諸作無意識中に潜入するほど美的の深と創造力はかはる
機により興会し胚胎すれば製作心象中にあり
練意了《おわ》って表現し　定案成れば完成せらる
無意識即から溢れるものでなければ多く無力か詐偽である（「農民芸術の製作」『新校本　宮澤賢治全集』第十三巻、一一頁、筑摩書房）

「意識」は「宇宙」に向かって伸びてゆき、そして「宇宙感情」は「直感」や「無意識」に宿る。ここでは、「農民芸術」が「無意識」の底に深く潜り込み、その扉を開け、その力とイメージを開放する「創造」のわざである。賢治は「心」のはたらきを、このような「心象スケッチ」や「無意識」の「第四次延長」として捉えた。それは、躍動する想像力であり、「心の深部」において万人に共通するかたちなのである。

だがそれは、世俗にまみれた「卑怯な成人たちに畢竟不可解な丈《だけ》」である。無垢で至純なこと心を持った子どもや一部の大人には見えるが、それがだんだん見えなくなり、わからなくなる。そんな認識の曇りを重ねてしまう。だが、それを剝ぎとることができれば、無意識層の共通の心の深部を感受することができる。ユングの元型論にも近い無意識世界のイメージの作用を賢治はリアルに実感していた。

と同時に、賢治が言うように、『春と修羅』も『注文の多い料理店』も「心象スケッチ」、つまりイメージの産物ではあるが、同時にそれは、「つやゝかな果実や、青い蔬菜」のような「田園の新鮮な産物」、つまり食べ物なのである。

それは賢治が自分の「心」の内で創作したようなものではない。むしろ、そこに果物や野菜のように生《な》っている食べ物なのだ。

だからこそ、そのことを『注文の多い料理店』の「序」で、「これらのわたくしのおはなしは、みんな林や野はらや鉄道線路やらで、虹や月あかりからもらつてきたのです。／ほんたうに、かしはばやしの青い夕方を、ひとりで通りかかつたり、十一月の山の風のなかに、ふるえながら立つたりしますと、もうどうしてもこんな気がしてしかたないのです。／ほんたうにもう、どうしてもこんなことがあるやうでしかたないといふことを、わたくしはそのとほり書いたまでです」と書き記したのだ。それは、個人の心や頭脳が創作したものではなく、そこに生っているものを「もらってきた」お話なのである。

その「おはなし」が「すきとほったほんたうのたべもの」になることを願って、賢治はこの

『注文の多い料理店』を人々の御前に〝出荷〟した。「けれども、わたくしは、これらのちいさなものがたりの幾きれかが、おしまひ、あなたのすきとほったほんたうのたべものになることを、どんなにねがふかわかりません」という願いとともに（『新校本 宮澤賢治全集』第十二巻、七頁、筑摩書房）。

宮沢賢治という人は、「わたくしといふ現象」を「あらゆる透明な幽霊の複合体」と捉えていた人である。それゆえ、その「幽霊の複合体」の「心」はあらゆるレベルにまたがり、〝複合心〟を成していると考えていた。その〝複合心〟のはたらきと現われが「心象スケッチ」や「第四次延長」となる。私たちは現在なお宮沢賢治が勇敢にも掴もうとしていた「或る心理学的な仕事」を、いまだ十分に掴み切っていないのである。

宇宙意志と多元意識

賢治は、銀河宇宙の本源である「久遠実成の本仏」からの発信を感受していたが、それを「宇宙意志」という言葉でも表わしている。

たゞひとつどうしても棄てられない問題はたとへば宇宙意志といふやうなものがあつてあらゆる生物をほんたうの幸福に齎《もたら》したいと考へてゐるものかそれとも世界が偶然盲目的

なものかといふ所謂《いわゆる》信仰と科学とのいづれによつて行くべきかといふ場合私はどうしても前者だといふのです。すなわち宇宙には実に多くの意識の段階がありその最終のものはあらゆる迷誤をはなれてあらゆる生物を究竟の幸福にいたらしめやうとしてゐるといふまあ中学生の考へるやうな点です。ところがそれをどう表現しそれにどう動いて行つたらい丶かはまだ私にはわかりません。（昭和四年、高瀬露宛書簡下書き、『新校本 宮澤賢治全集』第十五巻、一四四頁、筑摩書房）

賢治は、ここで次のようなことを言っている。

①この世界には「宇宙意志」がある。
②その「宇宙意志」はあらゆる生物をほんとうの幸福に導こうとしている。
③宇宙にはさまざまな意識段階があるが、その最高の段階はすべての生物を究極の幸福に導いていく仏のような存在である。

この世界には「宇宙意志」の教導がはたらいているが、しかし、さまざまな「意識の段階」と「迷誤」があるので、それをクリアーに感受することも実現することもできず、苦悩に満ちている。しかし、だからこそ、この世界であらゆる生物を究極の幸福にもたらしていく活動が必要なのである。このような方向性と思想を賢治は『農民芸術概論綱要』や『銀河鉄道の夜』などの作品の中でくりかえし語っている。

山根知子の『宮沢賢治　妹トシの拓いた道――「銀河鉄道の夜」へむかって』(朝文社、二〇〇七年)によると、「宇宙意志」という言葉は、賢治の妹の宮沢トシが通っていた日本女子大学の校長の成瀬仁蔵の語った「宇宙の意志」や「宇宙の精神」という言葉を兄の賢治につないだものとされている。この影響関係を否定するものではないが、成瀬仁蔵が大正六年(一九一七年)の講演「軽井沢山上の生活」において「宇宙の意志」とか「宇宙の精神」と語る以前に、「宇宙の意志」とか「宇宙の霊的意志」という言葉で柳宗悦《やなぎむねよし》が明治四十三年(一九一〇年)発刊の『白樺』第六・第七号掲載の「新しき科学」で主張していたことにも注意が必要である。

明治四十三年四月から大正十二年八月まで、同時代の「新しき科学」や新しい芸術・思想運動を牽引していった白樺派の思想や運動は、賢治に大きな影響とビジョンを与えた。白樺派の同人の中でもっとも若くて中心にいた柳は「新しき科学」の論考の最後で、結論として次のように述べている。

自然界に於ける法則とは、要するに宇宙が意志そのものに外ならぬ、かの微細なる原子にもかゝる意志は現はれて居る、かの宏大なる星の運行にもかゝる意志は流れて居る、一切のものは宇宙が心霊の影像である、『自然は内在せる神が出現の啓示である』と云ったロッヂの言葉には深き真理がある、此世界とは要するに宇宙の霊的意志の表現に外ならぬ、此処に於て自分には万有神論（Pantheism）が最も深き意義を有して居る様に思はれる、而して自分には此処に、宗教、哲学及科学が融合せらる可き唯一の最終点がある様に思はれる。（『柳宗悦全集』第一巻、六二頁、筑摩書房、一九八一年）

柳によれば、自然界の法則も「宇宙の意志」のはたらきによるものであり、すべての現象が「心霊の影像」である。世界とは「宇宙の霊的意志の表現」である。だから、森羅万象に宇宙意志や心霊の影像を見て取る「万有神論（Pantheism）」こそ、世界の実相を把握した「宗教、哲学及科学が融合せらる可き唯一の最終点」であると柳は結論づけている。

このような主張を柳はすでに明治四十三年九月の段階で発していた。この当時、「心霊」という言葉も流行語の一つであった。たとえば、同年、高橋五郎は『心霊万能論』（前川文栄閣）を出版しているし、前年の明治四十二年に平井金三は『心霊の現象』（警醒社）を刊行している。

そのような状況下、柳は「新しき科学」の論考で、

①「人間とは何か」を問う生物学における人性の研究
②「物質とは何か」を問う物理学における電気物質論
③「心霊とは何か」を問う変体心理学における心霊現象の攻究

の「三つの科学」を新科学の最前線の学問として情熱的に論じ、そこで、精神感応《テレパシー》、透視力《クレール・ヴォワイアンス》、予覚《プレモニション》、自動記述《オートマテイツクライテイング》、霊媒《れいばい》、心霊による物理現象や妖怪現象などの超常現象や死後の存在についての「実証」を試みた。柳は「新しき科学」の最前線を「心霊現象の攻究」に見ていたのである。

賢治がこのような「新しき科学」の影響圏にいたことはまちがいない。そしてそれを独自の観点と経験から補強し、実証しようとしていた。それが賢治の抱いていた「或る心理学的な仕事」であった。

その心理学は、柳の言う「変体心理学」であり、那智山で熊楠が発した「変態心理学」であるが、そのような心理学の構想の中で賢治は「多くの意識の段階」を想定していた。そこには前提として、天台教学の「一念三千」の教理がある。

「一念三千」とは、衆生が瞬時に起こす「一念」の中に「三千世界（世間）」が相関し合っているという天台宗の根本教理である。まず、「一念」中に「十界互具」がある。つまり、①地獄、②餓鬼、③畜生、④修羅、⑤人、⑥天、⑦声聞《しょうもん》、⑧縁覚、⑨菩薩、⑩仏という「十界」（十段階の世界）が互いに「十界」を内包し合っているので、合算すると、10×10＝百界となる。その「百界」に、①相、②性、③体、④力、⑤作、⑥因、⑦縁、⑧果、⑨報、⑩本末究竟等の「十如是」の作用層があるので、また100×10＝千如是となる。その「千如是」が、さらに①衆生世間、②国土世間、③五蘊《ごうん》世間の「三種世間」に及ぶので、総体は1000×3＝3000で、「三千世間」となる。こうして、「十界×十界×十如是×三世間＝三千世間」という計算式となる。つまり、心の中のわずかな「一念」というミクロな意識が、「三千世間」という超巨大なマクロな世界を含む、極小と極大の相依相即する関係性と構造を表わす思想が天台宗の「一念三千」である。

じつに、心というものの複雑性と柔軟性とダイナミズムを仏教心理学は緻密にして壮大な体系として示している。熊楠も賢治も、このような仏教の心の哲学と瞑想法を基盤としながら、彼らの新しい「或る心理学的な仕事」を構想していたのであって、それは心霊科学の「実証」レベル以上の複雑さを含んでいる。そのような観点を踏まえて、賢治は『春と修羅』「小岩井農場パート九」の中で、次のように言うのだ。

〈そんなことでだまされてはいけない

ちがつた空間にはいろいろちがつたものがゐる
それにだいいちさつきからの考へやうが
まるで銅版のやうなのに気がつかないか》
雨のなかでひばりが〔鳴〕いてゐるのです
あなたがたは赤い瑪瑙《めのう》の棘でいつぱいな野はらも
その貝殻のやうに白くひかり
底の平らな巨《おお》きなすあしにふむのでせう
　もう決定した　そつちへ行くな
これらはみんなただしくない
いま疲れてかたちを更《か》へたおまへの信仰から
発散して酸《す》えたひかりの澱《おり》だ
ちいさな自分を劃《くぎ》ることのできない
この不可思議な大きな心象宙宇のなかで
もしも正しいねがひに燃えて
じぶんとひとと万象といつしよに
至上福しにいたらうとする

それをある宗教情操とするならば
そのねがひから砕けまたは疲れ
じぶんとそれからたつたもひとつのたましひと
完全そして永久にどこまでもいつしよに行かうとする
この変態を恋愛といふ
そしてどこまでもその方向では
決して求め得られないその恋愛の本質的な部分を
むりにもごまかし求め得やうとする
この傾向を性慾といふ
すべてこれら漸移のなかのさまざまな過程に従つて
さまざまな眼に見えまた見えない生物の種類がある
この命題は可逆的にもまた正しく
わたくしにはあんまり恐ろしいことだ
けれどもいくら恐ろしいといつても
それがほんたうならしかたない
さあはつきり眼をあいてたれにも見え

明確に物理学の法則にしたがふ
これら実在の現象のなかから
あたらしくまつすぐに起て（以下略）（『新校本　宮澤賢治全集』第二巻、八六―八八頁、筑摩書房）

賢治の「小岩井農場」はじつに長い連作詩（心象スケッチ）で、これを解読するだけでも容易ではない注釈が必要である。だが、それらをすべて取り払って、端的にここでの要所を抜き出せば、「ちがつた空間にはいろいろちがつたものがゐる」と「さまざまな眼に見えまた見えない生物の種類がある」という二行になる。世界は複雑多様で多元的にある。わたしたちは自分の眼の解像度にしたがって世界を切り取り、そのすべてを見ているような気になっているが、どうして、どっこい、まるでわずかな領野をしか知覚し認識していない。違った空間にはいろいろと違ったモノたちがいるのだ。それも目に見えたり見えなかったりするので、なかなかクリアーな認識には至らないが、それは「恐ろしい」現実なのだ。

ここでもう一つ、重要なことを言っている。平たく言えば、愛には三つのレベルがあるということ。

①宗教情操——心象宇宙の中で正しい願いを持って自分と人と万物と共に至上の福祉に至ろうとする
②恋愛——正しい願いが砕けて自分ともう一つの魂（他者）と永遠にどこまでも一緒に行こうとする
③性欲——恋愛という方向では決して得られない恋愛の本質部分を無理に誤魔化して得ようとする

仏教的に言えば、①は慈悲であり、キリスト教的に言えばアガペー的愛である。だが、そのような「宗教情操」からどんどん離れ、外れていくのが凡夫衆生の辿る過程である。その変遷過程の「漸移」の中に、恐ろしいけれども、さまざまな「生物の種類」がいるのだ。わたしたちはそんなことも忘れて、都合のよい自分たちの世界（世間）だけを見て、それがすべてであるかのようにふるまっている。だが、それは忘却であり、欺瞞だ。そのような忘却と欺瞞の頽落の中に落ち込んでいることさえ気づかない。「慢」が眼も心も曇らせて、「実在の現象」を見ないようにしている。都合のよい見方と解釈だけを身に付けて。そんな「自慢」の偽装を振り捨てねばならぬ。

「あたらしくまっすぐに起て」、そして歩め、と賢治は正しく真っ直ぐに促す。

魂遊あるいは体外離脱体験

明治三十三年（一九〇〇年）、イギリスから帰ってきた南方熊楠は熊野那智の森に籠った。熊野は神仏習合の聖地霊場であり、古来、蟻《あり》の熊野詣と呼ばれるほど多数の参詣者で賑わってきたところだ。西国三十三所の一番札所でもある。那智の大滝を御神体として飛瀧《ひりよう》神社と那智大社に隣接した那智山青岸渡寺《せいがんとじ》がその第一番札所である。

ロンドンという大都会からいきなり熊野那智の山中に移動することになった熊楠は、さまざまな軋轢《あつれき》の中で精神的な変調を来《きた》していた。そのような折、熊楠は「変態心理」を体験することになり、その方面の研究にのめり込んだ。

熊楠が幽体離脱（体外離脱）の体験を持っていたことはよく知られている。熊楠研究者の唐澤太輔の指摘によると、明治三十七年（一九〇四年）三月以降の熊楠の『日記』や書簡に「魂遊」現象を持ったことが記されている。

うつゝにて（幻想といふこと知りながら）黒き紐ある人形如きものとなり、龍動《ロンドン》のアンダーグラウンド鉄道の上り路如き所を進み又却退し（進退とも頭は同一方に向ひ）又下にある一所、家の外に一男一女（日本人）あるを見るをわざと見ず、人形如きものに自分の意志集る。注意点と見ゆ。（一九〇四年三月十日『日記』）

夜大風雨、予、燈を消して後魂遊す。此前もありしが、壁を透らず、ふすま、障子等開き得る所を通る故に迂廻なり。枕本のふすまのあなた辺迄引返し逡巡中、急に自分の頭と覚《おぼ》しき所へひき入る。恰も vorticella が螺旋状に延し後急に驚きひき縮る如し。飛頭蛮《ひとうばん》のこと多少かゝることより出しならん。（同年四月十五日『日記』）

又魂遊といふことあり、予も今春已に之をなせり。糸にて自己の頭をつなぎ、俗にいふろくろくび如くに、室の外に遊ひ、其現状を見るなり。此事亦寒甚き山中等にて、かゝるもの、説を聞合すに、みな同一なり。（同年六月二十一日付、土宜法龍宛書簡）

これらを見ると、南方熊楠がまちがいなく体外離脱現象を起こしていたことがわかる。三月十日には、「うつゝ」の状態で、自分が「黒き紐ある人形」ごときものとなって、ロンドンの地下鉄の上り道を行ったり来たりした幻視を見ている。面白いのは、進む時も退く時も頭は同一方向に向いているというところである。つまり、体の向きを変えずに、方向転換せずに、後ろ向きに歩いて戻っているという奇怪な動作をしている点だ。そして、この人形のようなものに「自分の意志」が集まって、「注意点」となっているというところも面白い。

そのおよそ一ヶ月後の四月十五日には、今度は明確に「魂遊」、つまり体外離脱状態になった。しかし、「魂」ならば、壁を通過してもよいものだが、そうはせず、ふすまや障子の開いているところを迂回していった。そして部屋の中を逡巡しているうちに、自分の頭に戻った。あたかもそれは、「vorticella」（ツリガネムシ）が螺旋状に伸びて急に縮まるような状態だった。また、「飛頭蛮」（ろくろくび）の首の動きにも似ていると述べている。この体験を、熊楠は高野山にいる土宜法龍に「ろくろくび」になったような体験をしたと書簡で報告している。

この一年後、このような体験を熊楠は『人類学雑誌』に投稿した論文「睡眠中に霊魂抜け出づとの迷信（一）」の中でも報告している。

> 七年前厳冬に、予、那智山に孤居し、空腹で臥したるに、終夜自分の頭抜け出で家の横側なる牛部屋の辺を飛び廻り、ありありと闇夜中にその状況をくわしく視《み》る。みずからその精神変態にあるを知るといえども、繰り返し繰り返しかくのごとくなるを禁じえざりし。その後 Frederic W. H. Myers, Human Personality, 1903, vol. ii, pp.193, 322 を読んで、世にかかる例尠《すく》なからぬを知れり。（一九一一年八月「睡眠中に霊魂抜け出づとの迷信（一）」『人類学雑誌』二七巻五号、『南方熊楠全集』第二巻、二六〇頁、平凡社、一九七一年）

寒い冬、那智山に独り住んでいた熊楠は、空腹状態で横たわっていた。すると、一晩中、自分の頭が抜け出て、家の横の牛小屋の辺りを飛び回った。精神状態が「変態」であることはわかっていたが、止められず、何度もそのようなことが起こった。後に、イギリスの心霊研究家のメイヤーズの書いた『ヒューマン・パーソナリティ』を読んでいて、そのような事例があることを知った。

唐澤太輔は、このような現象が熊楠の持病の癲癇《てんかん》と関係しており、時間の溶融感覚や未来予知の能力とも関係していることを指摘している（『南方熊楠の見た夢――パサージュに立つ者』勉誠出版、二〇一四年、「南方熊楠の心霊研究と身心変容体験」『身心変容技法研究第六号』二〇一六年）。しかし、そのような「変態」は癲癇でなくともシャーマニズムの現象では特段珍しいことではない。「脱魂」型シャーマンは、そのような「遊魂」や「変態」をコントロールすることもできる。

じつは、宮沢賢治もよく似た体験を持っていた。大正八年（一九一九年）八月上旬に親友の保阪嘉内《かない》に宛てた書簡に次のような一節がある。

　石丸さんが死にました。あの人は先生のうちでは一番すきな人でした。ある日の午后私は倚子《ママ》によりました。ふと心が高い方へ行きました。錫色の虚空のなかに巨きな巨きな人が横はつてゐます。その人のからだは親切と静な愛とでできてゐました。私は非常にきもちがよく眼をひらいて考へて見ましたが寝てゐた人は誰かどうもわかりませんでした。次の日の新聞に石丸さんが死んだと書いてありました。私は母にその日「今日は不思議な人に遭つた。」と話してゐましたので母は気味が悪がり父はそんな怪しい話をするなと、云つてゐました。

石丸博士も保阪さんもみな私のなかに明滅する。みんなみんな私の中に事件が起る。

御きげん宜しく折角みんなの為にお尽し下さい。

私は今はみんなの為なんといふことは　ちつとも考へる様な形式を見ません。心のなかにその形式をとつてあらはれて来ないといふことです。

けれどもけれども半人がかしこくなつてよろこぶならば私共は死にませう。死んでもよいではありませんか。（『新校本 宮澤賢治全集』第十五巻、一七五頁、筑摩書房）

ここにある「石丸さん」とは、盛岡高等農林教授の石丸文雄のことであるが、その石丸が死去した頃、賢治の意識（心）は上空に登って行き、そこに大きな人が横たわっているのを見た。その人が誰だかよくわからなかったが、その人の体は親切と静かな愛でできているのがわかった。翌日、新聞記事で石丸教授の死亡記事を読み、誰の体だったのか理解した。母にそのことを告げると気味悪がり、父はそんな「怪しい話」はするもんじゃないと戒めたという体験である。

「心が高い方へ行」くとは、まさに臨死体験的な、体外離脱的な体験であろう。ある種の脱魂現象であるが、賢治にはそのようなことが何度か起こったようである。『春と修羅』に収められた心象スケッチの「月は水銀、後夜《ごや》の喪主／火山礫は夜の沈澱」で始まる「東岩手火山」などにもそのような体験の残響を聴き取ることができる。

五感の彼方へ

五感というものがそれほど確かなものでないことを熊楠と賢治は経験的に確信していた。何度も五感を超える不思議な経験を持ったからである。二人とも体外離脱体験をした。熊楠は熊野那智で、賢治は岩手花巻で。熊楠がロンドンから帰ってきて熊野で植物採集をしていた時、夜中に魂が抜け出ていって家の周囲を彷徨ったことは先に見たとおりであるが、夢のお告げや幽霊の導きによってナギランという新種の植物を探し当てたという不思議な体験を持っている。

そのことを熊楠は書簡にこう書いている。

当熊野にナギランというものあり。(中略)それより誰も見しものなく、大学にも標本はなく、小説ごときことになりおり、学名もなし。しかるに今月八、九日つづけて予の宿前の禿山のある所にて必ずこれを得んと夢みる。禿山にそんなものある道理なく、この辺のものは蘭と見ればほり来たりて売るなり。故にそんなもののこるはずなし。あまりに幾度も夢みたるゆえ、九日午後その点に行きしに、果たしてナギランの実物五株をとる。その翌日いかにさがすもわずかに一株しかなし。よって右を然るべき人々に托し栽《う》えしむ。しかるに本月二十三日朝、またなお往きて見るべしと夢みる。そんなはずはなしと思いながら往くに、右の五株とりし跡にまた十四株を得。(『南方熊楠全集』第七巻、四六六頁、一九〇四年三月二十四日付、土宜法龍宛書簡)

ナギランというものなどは幽霊があらわれて知らせしままに、その所に行きてたちまち見出だし申し候。また、小生フロリダにありしとき見出だせし、ピトフォラ・ヴァウレリユリオイデスという藻も、明治三十五年ちょっと和歌山へ帰りし際、白昼に幽霊が教えしままにその所にゆきて発見致し候。今日の多くの人間は利慾我執《がしゅう》事に惑うのあまり、脳力くもりてかかること一切なきが、全く閑寂の地におり、心に世の煩《わずら》いなきときは、いろいろの不思議な脳力のはたらき出すものに候。(『南方熊楠全集』第七巻、三一―三二頁、一九

二五年一月三十一日付、矢吹義夫宛書簡）

熊楠が体験した世界はいったい何であったのか？　熊楠はその当時の最新の心理学書を取り寄せて、「変態心理」の研究をしていた。その変態心理は、通常の心理状態でない、特殊で特異な心理状態を扱う心理学の分野で、後には異常心理学とか、超心理学とか、トランスパーソナル心理学とかと呼ばれる領域で扱われる意識の変容状態を研究する心理学であった。変性意識状態の中で熊楠はさまざまな不思議を体験したのである。

こうした体験に基づく思索により、熊楠は人間が持つ「脳力」の諸レベルについての心理学と仏説を結びつけながら次のように述べている。

仏経に一日一夜に八万四千の念ありと言い、楊朱が当身《とうしん》のこと、あるいは聞きあるいは見るも、万々一を識《し》らず、目前のこと、あるいは存じ、あるいは発するを、先に一を識らず、といえるごとく、何の気も留めずぶらぶら見聞思慮するは忘れ易きものなり。また心理学者のいわゆる閾下《いきか》考慮（サブリミナル・ソーツ）、仏説にいわゆる末那識《まなしき》、亜頼耶識《あらやしき》様の物ありて、昼夜静止なく考慮し働きながら、本人みずからしかと覚えぬ一種の脳力ありとせば、予が多年の経験より類推して、みずから知らぬうちに、地勢、地質、気候等の諸件、かくのごとく備わりたる地には、かかる生物あるも知れずと思い中《あた》れるやつが、山居孤独、精神に異状を来たせるゆえ、幽霊などを現出して指示すと見えたり。（『南方熊楠全集』第六巻、一一頁、一九一一年六月十八日付「千里眼」『和歌山新報』）

ここで熊楠は、天台の「一念三千」ではなく、「八万四千の念」と述べているが、仏典には「八万四千の治法根」（龍樹『大智度論』）とか、「八万四千の法門」（親鸞『一念多念証文』）とかの語はあっても、「八万四千の念」という語はない。熊楠は「八万四千の法門」などの用語を踏まえて、多種多数の念の生起をこのように語ったのである。そして、深層意識領域の「閾下」の「考慮」や、唯識論で言うマナ識（七識）やアーラヤ識（八識）を取り出し、幽霊によって教導された自分の事例を挙げつつ、人には未発の「脳力」があることを指摘している。熊楠はこのような「脳力」を「やりあて」とも「tact」とも言っているが、自分にも人にも予知能力が潜んでいることを経験的に確信していたのである。

こうして、熊楠と賢治はともに五感の彼方に越境していく。五感のような網目の粗い知覚レベルではなく、もっと精密で大きな解像度を持つ五感以上の感知世界を経めぐっていく。二人のM・Kは、そのような越境する感覚の所在をそれぞれに指し示して、それこそが仏の智慧と力に淵源することを訴えたのである。

第二章　真言密教と法華経

――二人のM・Kの宗教世界

「キ印」や「きちがひ」にならないための「がいねん化」

胎蔵大日や久遠実成や究境（法華経）など五感以上の世界があるとして、わたしたちの五感を超える世界に触れることは感覚の容量を超えることにもなり、五感のシステムや構造に変調を来したり、破壊することにもなりかねない。その危険性を二人はよくわかっていた。

熊楠は「変態心理の自分研究（当事者研究）」の危険性についてこう述べている。

> 予那智籠居中、いろいろの示現、霊感様のことあり。（中略）
> さて、かかる経験を多く記し集め、長論文を草し、英国不思議研究会へ出さんと意気込みおるうち、人生意のごとくならざるもの十常に八、九で、那智山にそう長く留まることもならず、またワラス氏も言えるごとく変態心理《サイキアトリ》の自分研究ははなはだ危険なるものにて、この上続くればキ印《じるし》になりきること受け合いという場合に立ち至り、人々の勧めもあり、終《つい》にこの田辺に来たり、まずは七、八歳から苦学し、永らく海外に流浪し、熊野で不思議学で脳を痛めて慰労にとて、今度討死学《うちじにがく》という奴に鋭意し、大いに子分を集め、歌舞吹弾《すいだん》して飲み廻り、到底独身では経済が持てぬところより、妻を迎え、子あるに及び、幽霊も頓《とん》と出でず、不思議と思うことも希《まれ》になりしが、予はこれを悔ゆることさらになし。なるほど只今とても閑殺《かんさい》されて、人と無

用の雑談しちらし、話の種に困る折など、こちらのまさに言わんとするところを人が言い、人のまさに言わんとすることをおのれが言い出して、その奇遇に驚くなどの例少なからねば、変態心理学者《サイキアトリスト》のいわゆる以心伝心くらいのことあるを予は疑わず。（「千里眼」『南方熊楠全集』第六巻、一〇頁）

ある状態が続くとそれに耐えられなくなり、「キ印」になると熊楠は言う。そして、学問をすることは、そういう状態（脳病）にならないための一つの方法であったと述懐している。たとえば、次のように。

小生は生来脳力がへんな男なるも、いろいろとみずから修練して発狂には至らざりし。また霊智の不思議のということは一向信ぜず。ただ科学的にこんなことを何とか研究して些少なりとも物心関係の次第の端緒を知りたく思う。（『南方熊楠全集』第九巻、五一三頁）

小生は元来はなはだしき疳積《かんしやく》持ちにて、狂人になることを人々患《うれ》えたり。自分このことに気がつき、他人が病質を治せんとて種々遊戯に身を入るるもつまらず、宜しく遊戯同様の面白き学問より始むべしと思い、博物標本をみずから集むることにかかれり。これはなかなか面白く、また疳積など少しも起こさば、解剖等微細の研究は一つも成らず、この方法にて疳積をおさうるになれて今日まで狂人にならざりし。（柳田國男宛書簡『南方熊楠全集』第八巻、二一一頁）

熊楠は子どもの頃から自分の「脳力」が少し変だということに気づいていた。実際、ひどい癇癪持ちで、しかも癲癇の発作を引き起こすことがままあった。そのことに気づき、注意していたからこそ、みずから修練工夫して「発狂」するのを食い止めることができた。それは、「霊智の不思議」などというオカルト的な世界につかることではなく、その反対に科学的に研究することでクールダウンして対象化し、注意をそらすことで、「狂人（キ印）になること」を防ぐことができた。標本採集などを含む学問の作業がなかったら、自分はおかしくなり、「発狂」していたかもしれない。熊楠はそのことをよくよく自覚していた。自分を現実につなぎ止める方法を持たねばならない。その方法が必要だ。そしてそれをうまく活用し、駆使することができなければならない。熊楠が生涯かけて行った尋常ではない量の標本採集、図譜の描写、筆写、書簡の執筆などは、「狂人」にならないための切実な作業《ワーク》であった。

同じようなことを、賢治は、「きちがひにならないための生物体の一つの自衛作用」としての「がいねん化」（概念化）、つまり、言葉による位置付けだと言っている。

けれどもとし子の死んだことならば
いまわたくしがそれを夢でないと考へて
あたらしくぎくつとしなければならないほどの
あんまりひどいげんじつなのだ
感ずることのあまり新鮮にすぎるとき
それをがいねん化することは
きちがひにならないための
生物体の一つの自衛作用だけれども
いつでもまもつてばかりゐてはいけない
ほんたうにあいつはここの感官をうしなつたのち
あらたにどんなからだを得
どんな感官をかんじただらう
なんべんこれをかんがへたことか
むかしからの多数の実験から
倶舎がさつきのやうに云ふのだ

二度とこれをくり返してはいけない（青森挽歌／『新校本 宮澤賢治全集』第二巻、三七五―三七六頁、筑摩書房）

熊楠がそうだったように、賢治もまた感じることがあまりに新鮮な時をしばしば持った。しかし、そのようなハイなトランス状態をクールダウンさせねばその熱によって焼き切れてしまう。エネルギーのチャージが大きすぎてパンクしてしまう。

そうなると、すべてがバラバラに破壊され、「げんじつ」を失ってしまう。そうならないための生き物の一つの「自衛作用」が「概念化」である。自分が行なっている「心象スケッチ」作業も、そうした意識や身心変容のモニタリングである。今風に言えば、マインドフルネス瞑想である。身心の微細な変化を洩らさず観察してモニターし、報告する。報告する手段は言葉だ。言葉を用いて、現実と感覚との間に繋留点をつくる。そのような繋留点なしに自分を五感を超える領域に野放しに遊ばせることは危険だ。二人ともそのことにしっかり気づいていた。

魔の存在

賢治が、親友の保阪嘉内《かない》に宛てた大正七年（一九一八年）の手紙に次のような一文がある。

保阪さん　私共は今若いので一寸すると、始め真実の心からやり出した事も　いつの間にか大きな魔に巣を食はれて居ることがあります。何とかして純な、真の人々を憐れむ心から総ての事をして行きたいものです。そうする事ばかりが又私共自身を救ふの道でせう。
（『新校本 宮澤賢治全集』第十五巻、五九頁、筑摩書房）

自己の中にある「修羅」を自覚していた賢治は、「魔」についても注意深く意識していた。ヨーロッパには中世以降「地獄への道は善意で敷き詰められている」という格言が流布するが、六世紀に活躍した天台大師智顗《ちぎ》は、『摩訶止観』や『小止観』の中でかなり詳しく「魔」について書いている。

「魔」のサンスクリット語は「māra（マーラ）」と言い、「能奪命者」とか「殺者・破壊者」とかと訳され、仏道修行を妨げるものの総称である。龍樹《りゅうじゅ》の『大智度論』や『摩訶止観』などでは、①煩悩魔（貪瞋痴《とんじんち》などの魔）、②陰魔（五蘊魔、色受想行識の五蘊のアンバランスや不調や病気による妨げ）、③死魔（若死や変死や迫害死などによる妨げ）、④天子魔（第六天魔王がもたらす諸種の妨げ）の「四魔」が挙げられている。『大智度論』によれば、これらの「四魔」を打ち破るのは、①菩薩道、②法身、③法性身、④不動三昧とされる。

日蓮はこれらの「魔」論を踏まえて『兄弟抄』で、「此の法門を申すには必ず魔出来《しゅったい》すべし。

魔競はずば正法と知るべからず」とか、「行解既に勤めぬれば三障四魔紛然として競ひ起こる、乃至随《したが》ふべからず畏《おそ》るべからず。之に随へば将《まさ》に人をして悪道に向かはしむ、之を畏れば正法を修することを妨ぐ」と記し、法華修行の過程で「三障四魔」によるさまざまな障害が生起することを予告している。そして、「魔」による諸種の邪魔が入らぬようでは正しい法門、すなわち「正法」とは言えぬのでたじろぐでないと強烈な法華信仰と破魔の覚悟のほどを示している。「三障」とは、①煩悩障（貪瞋痴の三毒による妨げ）、②業障（五逆十悪の業による妨げ）、③報障（地獄・餓鬼・畜生の三悪道と修羅道の苦報による妨げ）を言う。

賢治は、このような「魔」の認識を受けて次のように言う。

保阪さん。あなたが東京で一心に道を修して居る中には奇蹟めいたことが起ることもありませう。けれども一寸油断すると魔に入られます。唯摩《ママ》経に　ある菩薩の修行して居る所へ帝釈が万二千の天女を従へて法をきゝに来てその菩薩が法を説いてゐると唯摩が来てこれは魔王で帝釈でないと教へた事がありました。魔の説く事と仏の説くこととは私共には一寸分りませんでせう。

世尊が道場に坐したとき魔王の波旬《はじゅん》が来てこれを防害《ママ》し語《ことば》巧《たくみ》に世尊の魔と戦ふことの悪いことを説きました。理窟はよく透つてゐます。その時　世尊が「嗚呼波旬は汝は我が為を思ひてこれを説くにあらず。」と申されました。（大正七年五月十九日付、保阪嘉内宛書簡、『新校本 宮澤賢治全集』第十五巻、七一頁、筑摩書房）

修道者には「魔」は付き物である。その修道・修行過程で「奇蹟めいたこと」もしばしば起こる。禅ではその状態を「魔境」と呼んで、注意を呼びかける。過度に恐れることはないが、注意は怠ってはならない。油断禁物。ちょっとした隙に「魔が入る」。賢治が警戒した「慢」もまたそうした「魔」の一種である。

こうした危険を通過しながら、熊楠も賢治も身の処し方、身の振り方を定めていくのだが、その道は世間一般常識の安寧なる道ではなかった。大変なリスクを伴う道行であった。

「高等遊民」の道楽者

世間一般から見れば、この二人のM・Kは手のつけられない道楽者である。世間から外《はず》れた好き勝手なことをするどうしようもない遊び人。夏目漱石が言う「高等遊民」（『それから』）。家族から見ても金食い虫の厄介者であり困り者だった。肉親からの援助や庇護がなければ生活できなかった。言ってみれば、大人になり切れない大人子ども。

賢治は四年近く花巻農学校の教師をしたが、熊楠は生涯定職についたことはない。弟からの仕送りで何とかやっていた。教師時代の賢治も、給料を実家に入れるどころか、趣味や活動につぎ込み、生徒から「先生はホホーっと宙に舞った」（宮沢賢治の教え子たちのインタビュー映画の題名）と言われるくらい、相当な変わり者の先生であった。世の中の一般的評価では、彼らはまちがいなく奇人変人か道楽者と言われる類である。

だが、その道楽者は、なかなか手ごわい、筋金入りの道楽者で、前人未到の自分の行く道を楽しむ者でもあった。もちろん、留学時代の熊楠にも闘病時代の賢治にも相応の苦労はあった。しかし、その苦労の中に、いや奥に、道を求め道を楽しむ心があった。そんな道楽心がどのようにして育っていったのか？　二人のM・Kの心の底にある宗教心と生い立ちを探るところから彼らの道楽の真髄に迫ってみたい。

内田魯庵は大正元年（一九一二年）十二月に『新潮』に寄稿したエッセイ「文明国には必ず智識ある高等遊民あり」の中で、「智識ある高等遊民のあるのは其の国の文明として喜んで好い」と書いたが、振り返ってみれば、熊楠と賢治は共に「智識ある高等遊民」として「其の国の文明」の未来を耕す「高等遊民」であり、道楽者であった。

二人の宗教を一言で言えば、真言宗と法華経、大日如来と久遠実成の本仏、空海と日蓮あるいは田中智学、両部曼陀羅と法華曼陀羅（大曼陀羅）、と言えるだろう。

独覚と修羅の意識

熊楠には強烈な「独覚」（縁覚・辟支仏《びゃくしぶつ》 pratyeka-buddha）意識があった。独覚とはグル・師匠を持たずに独りで悟りを開いた覚者を指す。それに対して、賢治には強力な「修羅」意識があった。修羅とは闘争の世界に生きる者・阿修羅を指す。熊楠は独り悟りの世界に、賢治は独り苦悩と闘争の世界にいた。そして、二人とも絶対的な孤独を感じていた。彼らの学問や芸術はその孤独と無関係ではない。それどころか、孤絶こそが秘密世界の入門の鍵でもあった。

熊楠はフランスの首都パリに滞在している土宜法龍に書簡を送り、その中でこう言っている。

現在ロンドンの金粟如来は、今しばらく菩薩に成らず、やはり辟支仏でおる（『南方熊楠全集』第七巻、一五四頁、一八九三年十二月二十一日付、土宜法龍宛書簡）

熊楠は自分のことをくりかえし「金粟《きんぞく》如来」とも「辟支仏」とも宣言する。「金粟如来」とは初期大乗経典の一つ維摩《ゆいま》経《きょう》の主人公で、独りで悟りを開いたと言われる維摩居士の如来名である。そして、自分はしばらくは大乗の菩薩にはならず、独り辟支仏（独覚・縁覚）にとどまるという。また柳田國男（一八七五—一九六二）に対しても、次のように述べている。

仏経に辟支仏（縁覚）というものあり、独覚根性という奴これなり。無仏の世に辟支仏出で、麒麟の独居するがごとく、（中略）無言で乞食しまわる。これに食を奉ずれば、後世に福あり。しかし、返礼に説法などは少しもせず、ただ空中に上がり、身上火を出し身下水を出し、神変を現じて飛び去るばかりなり。人に教えられず縁に触れて独り覚《さと》る。故にまた人に教うる気少しもなし。菩薩は馬が人を乗せて川を渡るがごとく、独覚は人を乗せずに独り渡るがごとしなど申す。土宜法竜《ママ》師説に、熊楠はこの辟支仏のもっとも顕著なる奴の由。（柳田國男宛書簡、明治四十四年十月十七日夜、『南方熊楠全集』第八巻、一九三頁）

「独覚」は、「無仏」の時代に世に出て、無言で乞食して回る。彼は師匠に教導されることなく、たった独りで縁によって覚った。そこで、その悟りの内容を他者に教える気持ちもさらさらない。菩薩は他者を引導し教導するが、独覚はそのようなサービスはしない。ただ独り我が道を往くのみ。その自分のことを、仁和寺第三十六代門跡で、真言宗御室《おむろ》派管長の土宜法龍は、独覚（辟支仏）の典型であるとお墨付きを与えた。

なんとまあ熊楠らしい自負心と矜持をもって、自分が独覚居士であることを主張していることか。謹厳実直な法制局参事官兼宮内書記官兼内閣書記官記録課長を務めていた柳田國男は、さぞかし驚いたことだろう。この人はいったい……？
それに対して、賢治は熊楠のようにあっけらかんと自分をひけらかすことも主張することもできない。東北の冬の天候のように、どんよりと薄暗い調子で、自分は独りの修羅なのだとつぶやくのみである。

心象のはいいろはがねから
あけびのつるはくもにからまり
のばらのやぶや腐植の〔湿〕地
いちめんのいちめんの諂曲《てんごく》模様
（正午の管楽《くわんがく》よりもしげく
琥珀のかけらがそそぐとき）
いかりのにがさまた青さ
四月の気層のひかりの底を
唾《つばき》し　はぎしりゆききする
おれはひとりの修羅なのだ
（風景はなみだにゆすれ）（『新校本 宮澤賢治全集』第二巻、二四六頁、筑摩書房）

『春と修羅』の中の「春と修羅」(mental sketch modified)と題された心象スケッチの冒頭部分である。大正十一年(一九二二年)四月八日、ブッダ生誕を祝う花祭り(灌仏会《かんぶつえ》)の日に賢治は「春と修羅」を書いた。賢治の心象世界は灰色の鋼のようである。そこから、アケビの蔓《つる》が雲に絡まり、野原や藪や湿地もみな、本心をはっきりさせずに媚び諂《こへつら》っているような一面の諂曲模様である。俺の心の中もそれと同じ。媚び諂って、怒りに駆られ、苦い思いで春の訪れた四月の光の下を唾を吐き、歯軋《はぎし》りしながら歩いている。俺はどうしようもない、独りの修羅だ。そんな修羅の眼で見る周りの風景は涙で揺れ動いている。

熊楠の自己認識としてのトーテミズム

熊楠には、三つの宗教性のレベルがある。一つは、トーテミズム。二つめは真言密教。三つめは神社の意味論と機能論。この三つである。熊楠は真言密教の曼陀羅世界を自然科学的な世界像と結びつけて捉えていたが、彼の宗教意識の根幹にはトーテム信仰と呼べる原始生命観があった。トーテミズムについて、熊楠はこう言っている。

今も紀州に予のごとく熊を名とする者多きは、古《いにし》え熊をトテムとせる民族ありしやらん。

（『南方熊楠全集』第二巻、七八頁）

楠の字を人名につけることについて、予は明治四十二年五月の『東京人類学会雑誌』二四巻二七八号の三一一頁（「出口君の『小児と魔除』を読む」）に次のごとく記した。いわく、「今日は知らず、二十年ばかり前まで、紀伊藤白王子社畔に、楠神と号し、いと古き楠の木に、注連《しめ》結びたるが立てりき。当国、ことに海草郡、なかんずく予が氏とする南方苗字の民など、子産まるるごとにこれに詣で祈り、祠官より名の一字を受く。楠、藤、熊などこれなり。この名を受けし者、病あるつど、件《くだん》の楠神に平癒を禱る。知名の士、中井芳楠、森下岩楠など、みなこの風俗によって名づけられたるものと察せられ、今も海草郡に楠をもって名とせる者多く、熊楠などは幾百人あるか知れぬほどなり。予思うに、こは本邦上世トテミズム行なわれし遺址の残存せるにあらざるか。三島の神池に鰻を捕るを禁じ、祇園の氏子胡瓜《きゆうり》を食わず、金毘羅に詣る者蟹を食わず、富士に登る人鰶《このしろ》を食わざる等の特別食忌と併せ攷うるを要す。（「南紀特有の人名——楠の字をつける風習について」『南方熊楠全集』第二巻、一一九頁）

樹（引用者注——楠）を見るごとに口にいうべからざる特殊の感じを発する。（『南方熊楠全集』第三巻、四三九頁）

熊楠は、楠などの大木を見ると、「口にいうべからざる特殊の感じ」を持った。畏怖と親和性である。これは、自分の名前の楠に由来するところから来る親和性と、その樹木が持つ圧倒的な存在感の感受から来る感情であろう。ルドルフ・オットーが『聖なるもの』（山谷省吾訳、岩波書店、一九六八年、原著一九二七年）で定義した畏怖と魅惑の相反感情を引き起こす「ヌミノーゼ（Numinöse）」的な「感じ」だったのかもしれない。熊楠は神社合祀反対運動を激しく展開していた明治四十四年（一九一一年）、柳田國男に宛てて次のように書いている。

totem は形あるものにあらず。支那の古書にも「木姓、風姓あり、また竜をもって官に名づく」、わが国にてなお国々楠をもって名とするもの多く（元弘ごろに紀千代楠丸、また正慶中に紀犬楠丸あり。犬楠丸の券書を見るに、文中に犬楠丸、署名に犬楠とあり。かかる略用より熊楠など生ぜしならん）、また諸神の氏子おのおの某の生物を食うを忌む等のことあるは totem の遺風と存じ候。（柳田國男宛書簡、明治四十四年三月二十六日付、『南方熊楠全集』第八巻、一三頁）

ここで自分の名前の由来の周辺を網羅的に探っている。例によって、熊楠の表記は博覧強記

子どもが誕生したら、親は近くの樹の名前を子どもに与え、胎盤をその木の下に埋め、守護神的な見守り者として大切に扱い、子どもはこの木と同種類の木の実を食べないし、危害を与えたりはせず、木と同調・共振しながら生きていくというのだ。

熊楠は、このような原始宗教的なトーテム感覚と共振する「感じ」を持ちながら、同時に、自分は「辟支仏＝縁覚＝独覚＝金粟如来」の化身だとか、「今弘法様」とかいう強烈な仏教的自己認識があった。だが、このトーテム感覚はことのほか根深く、自分は「藤白王子の老樟木の申し子」という民俗的な自己認識にもつながっていた。熊楠は、亡くなる二年前の一九三九年（昭和十四年）三月十日、土宜法龍の弟子の水原堯栄に宛てて、「小生は藤白王子の老樟木の申し子なり」と書き送っている。生涯、彼は「同族・同名」の者（物）同士として、楠との異種間コミュニケーションの感受を保ち続けたのである。

空海は、仏道修行は「如実知自心」（大日経）にありと喝破したが、熊楠の「如実知自心」の根底には、このようなトーテム信仰的「楠身（心）」が横たわっており、その上に、仏教的・密教的自己認識が加わったと考えるべきであろう。そしてそれは、生涯変わらぬ熊楠の自己同定の基幹構造であった。

そもそも、トーテミズム（totemism）とは、ある特定の動植物を「トーテム（totem）」とし、自分たちの家系はその子孫であるという信仰を持つ原始宗教形態を指す。もともと「トーテム」の語は、アメリカ合衆国やカナダに居住する先住民オジブワ族が用いていた言葉で、「自分の一族のもの」を意味する〝oteteman〟であった。そこでは、「我がクラン（家系・氏族）は、鷲（鷹・カラス・熊・狼・鹿・猪・虹蛇・カンガルー・ザリガニ etc）である」などという信仰と家系分類があった。イギリスの人類学者のジェームズ・フレイザーは『金枝篇』で、「トーテム」とは「生命を託する容器」とし、フランスの社会学者エミール・デュルケムは『宗教形態の原始形態――オーストラリアにおけるトーテム体系』の中で、トーテムとは「神と社会の象徴」であると規定した。熊楠は、このような人類学や社会学の最新の研究成果を踏まえて、日本にトーテム信仰が脈動していたことを自分の名前の中にも、熊野信仰の古俗の中にも見出した。

賢治もまた、トーテムについて言及していたことは、第一章で述べた通りである。そこで取り上げた「疑獄元兇」以外に、賢治は、もう一つ、「トーテム」という語を用いた作品を書いている。「会見」と題する「心象スケッチ」である。

この「会見」では、「逞《たくま》しい頬骨」を持った「野武士の子孫」で「大きな自作の百姓」との会見が描かれている。そしてその「会見」において、相手がやはり「分子を喪くして」、今度は「鹿か何かのトーテム」に変貌する。

（お互じっと眼を見合せて立つてゐれば
だんだん向ふが人の分子を喪くしてくる
鹿か何かのトーテムのやうな感じもすれば
山伏上りの天狗のやうなところもある）（『新校本　宮澤賢治全集』第五巻、六六頁、筑摩書房）

「疑獄元兇」では元鉄道大臣の小川平吉を取り調べる検事が分子を「喪くして」いくのだが、ここでは、眼を見合わせて立っている相手の自作百姓が分子を「喪くして」いく。そして、「鹿か何かのトーテム」か「山伏上りの天狗」の感じを受け取るのである。ここでは、鹿トーテムも天狗も自作農もみな分子の配列組み合わせの相面であって、相互に変換することも起こりえる。あらゆる生物も無機的存在者も分子の組み合わせであるという共通項があるので、相互交信も相互変換も不可能ではない。通信もコミュニケーションもさまざまなレベルでの分子のやり取りだからである。

鹿トーテムの「感じ」ということは、相手の自作農民が鹿の子孫の感じがするということである。そのことが、相手の分子が変容することで感じられてくる。人間も世界も分子の集合体であるから、分子の組み合わせの変化によって当然形態も変わってくる。

そのような可変性や可逆性を賢治も熊楠も鋭敏に嗅ぎ取り、古代のトーテム信仰の残響が今も自分たちの生活の中に食い込んでいることをはっきりと感じ取っている。

賢治の菜食主義——保阪嘉内への書簡と『ビヂテリアン大祭』

大正七年（一九一八年）五月十九日、賢治は保阪嘉内に菜食に転換したと告げる次のような一節を含む長い手紙を書いている。なぜ菜食になったか、それはあらゆる生き物が輪廻転生していると考えていたからである。

私は春から生物のからだを食ふのをやめました。けれども先日「社会」と「連絡」を「とる」おまじなゐ（傍点賢治）にまぐろのさしみを数切たべました。又茶椀むしをさじでかきまわしました。食はれるさかながもし私のうしろに居て見てゐたら何と思ふでせうか。「この人は私の唯一の命をすてたそのからだをまづさうに食つてゐる。」「怒りながら食つてゐる。」「やけくそで食つてゐる。」「私のことを考へてしづかにそのあぶらを舌に味ひながらさかなよおまへもいつか私のつれになつて一諸に行かうと祈つてゐる。」「何だ、おらのからだを食つてゐる。」まあさかなによつて色々に考へるでせう。

さりながら、（保阪さんの前でだけ人の悪口を云ふのを許して下さい。）酒をのみ、常に絶えず犠牲を求め、魚鳥が心尽しの犠牲のお膳の前に不平に、これを命《いのち》とも思はずまずいのどうのと云ふ人たちを食はれるものが見てゐたら何と云ふでせうか。もし又私がさかなで私も食はれ私の父も食はれ私の母も食はれ私の妹も食はれてゐるとする。私は人々のうしろから見てゐる。「あゝあの人は私の兄弟を箸でちぎつた。となりの人とはなしながら何とも思はず呑みこんでしまつた。私の兄弟のからだはつめたくなつてさつき、横はつてゐた。今は不思議なエンチームの作用で真暗な処で分解して居るだらう。われらの眷属をあげて尊い惜しい命をすてゝさゝげたものは人々の一寸のあわれみをも買へない。」

私は前にさかなだつたことがあつて食はれたにちがひありません。（保阪嘉内宛書簡、『新校本 宮澤賢治全集』第十五巻、六六頁、筑摩書房）

賢治は自分は前世に魚だったことがあると保阪嘉内に告白し、その魚が自分の後ろにいて食べられる様子を見ていたら、どんな気持ちになるだろうかと嘉内に問いかける。魚族挙げて尊いいのちを捧げても人間は少しの憐みも表わさない。そのような人間の仕打ちに対する失望や絶望。賢治は魚の立場から人間を告発する。こうして賢治は菜食主義者になるのだが、賢治の菜食思想が端的にかつダイナミックな論争として展開されている童話が『ビヂテリアン大祭』である。この童話は、ビジテリアン（ベジタリアン）としての賢治の面目躍如たる作品である。

賢治の没後一年経って発表された『ビヂテリアン大祭』は、カナダの「ニュウファウンドランド島の小さな山村、ヒルテイ」で行われた菜食主義者（菜食信者）たちとその反対者（肉食主義者たち）の国際大会の演説合戦の記録という体裁になっているが、最後にどんでん返しがあり、実は菜食反対派の論者たちもみな菜食主義者で、それは大会を盛り上げるための芝居であり演出であったことが明らかにされる（『新校本 宮澤賢治全集』第九巻、二〇八頁、筑摩書房）。

この菜食主義には、二つの分類法がある。趣旨・精神による分類と実践方法による分類の二つである。前者はさらに二つの考えに分かれる。

①同情派（食べられる側に立ってみるとかわいそうだという考えの人々）

②予防派（菜食は病気予防や健康のためによいという考えの人々）

の二派である。そして、実施の方法は三つに分かれる。

①完全派（大部分は予防派の人々。今でいうビーガン）

②穏健派（チーズやバターやミルクや卵ならば命を奪うわけではないからいいとする人々）

③同情派（他の動物がかわいそうだから食べないが、大変な手間や迷惑をかけたりまでして徹底しなくてもよい。もし多数の命のためにどうしてもその一つの命が必要な時は泣きながら食べてもいいが、その代わり、もしその命の一人が自分になった場合も受け入れるという自己犠牲的行動を含む立場。主人公はこの立場）

主人公は、菜食主義者（菜食信者）の中でも同情派に属するが、この大会は「ビヂテリアン同情派」の世界大会である。島に着くと、主人公たちは、菜食主義批判者たちの五つの反論ビラに出会う。

①人口論からの批判
②動物心理学からの批判
③生物分類学からの批判
④比較解剖学からの批判
⑤食物連鎖上からの批判

それぞれ拠って立つ学問上の根拠が示され、これらの批判者たちが世界大会に招かれていて、「異教徒席」と「異派席」に座っている。「ビヂテリアン大祭」は、「挙祭挨拶、論難反駁、祭歌合唱、祈禱、閉式挨拶、会食、会員紹介、余興」というプログラム（次第）に沿って展開するが、作品で描かれるのは主としてその「論難」と「反駁」の応酬である。「論難」は、異教徒席や異派席の中から、次々と八人の論者が、それぞれの学問的立場や神学的立場や教学的立場から菜食主義批判を繰り広げていく。それぞれ「論難」の論理は明晰で、その「反駁」もクリアーである。

最初の論難者の批判点は次の二点だ。第一に、植物性食品の消化率は動物性食品に比して著しく小さい。第二に、植物性食品は動物性食品よりおいしくない。つまり、植物性食品は消化が悪くて、病弱者や老衰者や嬰児には向かないし、味もおいしさが足りないという批判である。これに対する「反駁」者の論点は、消化については菜食になれれば効率もよくなる、病弱者や老衰者や嬰児には強要しない、おいしさについては菜食になると肉食に臭みを感じるようになり感覚が変わるというものであった。

次に、第二の論難者として、シカゴ畜産組合の理事が登場し、動物の肉は栄養もあるし、「一種の器械」なのだから死の恐怖もなく、同情の必要はないと主張する。それに対して、動物心理学から言っても人間と動物とは生物学的に連続しており、人間が悲しいように動物にも悲しむ心がある、したがって同情は大切である、という反論である。

第三の論難者はシカゴ畜産組合の技師で、マルサスの人口論からいっても、肉食がなくなったら食料が不足して飢餓や戦争が起こるというものである。それに対して、カロリー計算すれば、たとえば牛を一頭飼うのに八エーカーもの牧草地が要るのだから結論は逆で、家畜が消費する分が減るために飢餓は起こらないし、菜食により心も穏やかに平和になるので戦争も起こらないと反論する。すると、論難者はビジテリアンに改宗したので、異教徒席の者たちは紛糾して大騒ぎになる。

第四の論難者は、確かに動物と植物は連続しているから、肉食がかわいそうというのなら菜食もかわいそうと思うべきで、植物を殺すことになる菜食も止めて、水と食塩だけを食して生きるべきだというものであった。これに中国から来た陳氏が反論してユーモラスに次のように言う。

只今のご論旨は大へん面白いので私も早速空気を吸ふのをやめたいと思ひましたがその前に一寸一言ご返事をしたいと存じます。どうぞその間空気を吸ふことをお許し下さい。

　さて只今のご論旨ではビヂテリアンたるものすべからく無菌の水と岩石ぐらゐを喰べて海抜二千尺以上ぐらいの高い処に生活すべしといふのでありましたが、なるほど私共の中には一酸化炭素と水とから砂糖を合成する事をしきりに研究してゐる人もあります。けれども茲ではまづ生物連続が面白かったやうですからそれを色々応用して見ます。則ち人類から他の哺乳類鳥類爬虫類魚類それから節足動物とか軟体動物とか乃至原生動物それから一転して植物、の細菌類　それから多細胞の羊歯類顕花植物と斯《こ》う連続してゐるからもし動物がかあいさうなら生物みんな可哀さうになれ、顕花植物なども食べても切ってもいかんというのですが、連続をしてゐるものはまだいろいろあります。仮令ば人間の一生は連続してゐる、嬰児期幼児期少年少女期青年処女期壮年期老年期とまあ斯うでせう、処が実はこれは便宜上勝手に分類したので実は連続してゐるはっきりした堺はない、ですから、若し四十になる人が代議士に出るならば必ず生れたばかりの嬰児も代議士を志願してフロックコートを着て政見を発表したり燕尾服を着て交際したりしなければいけない、又小学校の一年生にエービースィーを教へるなら大学校でもなぜ文学より見たる理論化学とか、相対性学説の難点とかそんなことばかりやってエービースィーを教へないか、と斯う云ふことになります。或は他の例を以てするならば元来変態心理と正常な心理とは連続的でありますから人類は須《すべから》く瘋癲《ふうてん》病院を解放するか或はみんな瘋癲病院に入らなければいけないと斯うなるのであります。この変てこな議論が一見菜食にだけ適用するやうに思はれるのはそれは思ふ人がまだこの問題を真剣に考へ真実に実行しなかった証拠であります。斯んなことはよくあるのです。

いくら連続してゐてもその両端では大分ちがってゐます。太陽スペクトルの七色をごらんなさい。これなどは両端に赤と菫《すみれ》とがありまん中に黄があります。ちがってゐますからどうも仕方ないのです。植物に対してだってそれをあはれみいたましく思ふことは勿論です。印度の聖者たちは実際故なく草を伐り花をふむことも戒めました。然しながらこれは牛を殺すのと大へんな距離がある。それは常識でわかります。人間から身体の構造が遠《とおざ》かるに従ってだんだん意識が薄くなるかどうかそれは少しもわかりませんがとにかくわれわれは植物を食べるときそんなにひどく煩悶しません。そこはそれ相応にうまくできてゐる

してよい理由にはならない、物を浪費しないことが大切だと反論する。

第七の論難者は、シカゴ畜産組合顧問でカナダ大学教授のキリスト教徒のヘルシウス・マットン神学博士である。マットン神学博士は、自然界の出来事はすべて天地を創造した神の摂理であり、肉食もまた神のみ心であり、恵みであり、善である、その神の恩恵を受けるべきであると主張する。それに対して、博士の三段論法は破綻している、たとえば、私が怒ってマットン博士を殴ったり、諸君にピストルを向けて諸君の帰国の旅費を巻き上げたとしてもこれもみな摂理であり善である、ビヂテリアンが動物を食べないというのも神の摂理であり善ではないか、ゆえに博士の主張は「自家撞着」に終わるほかない、と反論する。

最後の第八の論難者は、浄土真宗本願寺派の信徒で、宗祖の親鸞も開祖の釈迦も肉食をしたことを挙げながら肉食を擁護する。


自分は阿弥陀仏の化身親鸞僧正によって啓示されたる本願寺派の信徒である。則ち私は一仏教徒として我が同朋たるビヂテリアンの仏教徒諸氏に一語を寄せたい。この世界は苦である、この世界に行はるるものにして一として苦ならざるものない、ここはこれみな矛盾である。みな罪悪である。吾等の心象中微塵ばかりも善の痕跡を発見することができない。この世界に行はるゝ吾等の善なるものは畢竟根のない木である。吾等の感ずる正義なるものは結局自分に気持がいゝという丈《だけ》の事である。これは斯うでなければいけないとかこれは斯うなればよろしいとかみんなそんなものは何にもならない。動物がかあいさうだから喰べないなんといふことは吾等には云へたことではない。実にそれどころではないのである。たゞ遥かにかの西方の覚者救済者阿弥陀仏に帰してこの矛盾の世界を離るべきである。それ然る后《のち》に於て菜食主義もよろしいのである。この事柄は敢て議論ではない、吾等の大教師にして仏の化身たる親鸞僧正がまのあたり肉食を行ひ爾来《じらい》わが本願寺は代々これを行っている。日本信者の形容を以てすれば一つの壺の水を他の一つの水に移すが如くに肉食を継承してゐるのである。次にまた仏教の創設者釈迦牟尼を見よ。釈迦は出離の道を求めんが為に壇特山と名くる林中に於て六年精進苦行した。一日米の実一粒亜麻《あま》の実一粒を食したのである。されども遂にその苦行の無益を悟り山を下りて川に身を洗ひ村女の捧げたるクリームをとりて食し遂に法悦《エクスタシー》を得たのである。今日牛乳や鶏卵チーズバターをさへとらざるビヂテリアンがある。これらは若し仏教徒ならば論を俟たず、仏教徒ならざるも又大に参考に資すべきである。更に釈迦は集り来れる多数の信者に対して決して肉食を禁じなかった。五種浄肉となづけてあまり残忍なる行為によらずして得たる動物の肉は之を食することを許したのである。今日のビヂテリアンは実に印度の古の聖者たちよりも食物のある点に就て厳格である。されどこれ畢竟不具である畸形〔 〕である、食物のみ厳格なるも釈迦の制定したる他の律法に一も従ってゐない。特にビヂテリアン諸氏よくこれを銘記せよ。釈迦はその晩年　その思想いよいよ円熟するに従て全く菜食主義者ではなかったやうである。見よ、釈迦は最后に鍛工チェンダといふものの捧げたる食物を受けた。その食物は豚肉を主としてゐる、釈迦はこの豚肉の為に予《あらかじ》め害したる胃腸を全く救ふべからざるものにしたらしい。その為にたうたう八十一歳にしてクシナガラという処に寂滅《じゃくめつ》したのである。仏教徒諸君、釈迦を見ならへ、釈迦の行為を模範とせよ。釈迦の相似形となれ、釈迦の諸徳をみなその二万分一、五万分一、或は二十万分一の縮尺《スケール》に於てこれを習修せよ。然る后に菜食主義もよろしからう。諸君の如き畸形の信者は恐らく地下の釈迦も迷惑であらう。（『新校本 宮澤賢治全集』第九巻、二三八—二三九頁、筑摩書房）

「親鸞僧上の肉食」に対する「仏弟子」の反論と輪廻転生

賢治の家の宗派は浄土真宗本願寺派である。とすれば、家の宗教・宗派と自己の信仰との対立と闘争ということになるので、この最後の「論難」は賢治にとってもっともシリアスな論点ということになる。

——われらは一切皆苦・矛盾・罪悪の只中にある。自力では到底救われぬ業苦の中にある。それを阿弥陀如来の本願が救済してくださることを「吾等の大教師にして仏の化身たる親鸞僧正」がお説きくださったのだ。末法の凡夫であるわれらは肉食妻帯された親鸞聖人の踏み行った道を信じ、後を付いてゆくのみである。加えてまた、開祖釈尊も肉食を禁じたわけではなく「五種浄肉」を許され、完全に菜食主義者だったわけではない。その証拠に、最期の時は、釈尊は豚肉による食中毒で亡くなり、涅槃《ねはん》に入られたのである。その肉食による寂滅為楽の道を見倣おうではないか。

この最後の論難に対して敢然と立ち向かったのが日本代表の主人公であった。まず論難者の仏教理解は誤謬であると指摘する。「前論士は要するに仏教特に腐敗せる日本教権に対して一種骨董的好奇心を有するだけで決して仏弟子でもなく仏教徒でもない」、その演説は「如来正遍知に対してあるべからざる言辞を弄《ろう》したる」もので、「我等は決して斯《かく》の如き仏弟子の外皮を被り貢高邪曲の内心を有する悪魔の使徒を許すことはできない」と激しく反論を開始する。

釈尊が説いた経典楞伽《りょうが》経には「五種浄肉は修業未熟のものにのみ許された」もので、釈尊入滅前の最後の経典とされる涅槃経には「今より以後汝等仏弟子の肉を食うことを許さず」とある。だから、論難者の「五種浄肉」についての認識は間違っている。加えて、「釈尊の終わりに受けられた供養が豚肉である」という立論に至っては、とんでもない過《あやま》ちを犯している。それは「豚肉」ではなく、「蕈《きのこ》」の一種であった。論士は、仏教徒諸君、釈迦を見ならえ、釈迦の相似形となれ、釈迦の諸徳をみなその二万分一、五万分一、或は二十万分一の縮尺に於て之を習修せよ、と声高に呼ばわって菜食主義を否定したが、そっくりそのままこの「軽薄なる」言葉をお返ししよう。さらに、「宗教の精神より肉食しないことの当然」を論ずれば、キリスト教の精神は一言で言えば「神の愛」であり、仏教的に言えば「慈悲」であり、それは「あらゆる生物に対する愛」である、であれば、どうして生き物を殺して食べる肉食が当然のことになるのか、あなたはどうしようもない論理矛盾を犯している。

こうして最後に、主人公は次のように力説して演説を閉じる。

私は次に宗教の精神より肉食しないことの当然を論じやうと思ふ。キリスト教の精神は一言にして云はば神の愛であらう。神天地をつくり給ふたとのつくるといふやうな語は要するにわれわれに対する一つの譬諭である、表現である〔。〕マットン博士のやうに誤った摂理論を出さなくてもよろしい。畢竟は愛である。あらゆる生物に対する愛である。どうしてそれを殺して食べることが当然のことであらう。

仏教の精神によるならば慈悲である、如来の慈悲である完全なる智慧を具《そな》へたる愛である　仏教の出発点は一切の生物がこのやうに苦しくこのやうにかなしい我等とこれら一切の生物と諸共にこの苦の状態を離れたいと斯《こ》う云ふのである。その生物とは何であるか、そのことあまりに深刻にして諸氏の胸を傷つけるであらうがこれ真理であるから避け得ない、卒直に述べやうと思ふ。総ての生物はみな無量の劫《カルパ》の昔から流転に流転を重ねて来た。流〔転〕の階段は大きく分けて九つある。われらはまのあたりその二つを見る。一つのたましひはある時は人を感ずる。ある時は畜生、則ち我等が呼ぶ所の動物中に生れる。ある時は天上にも生れる。その間にはいろいろの他のたましひと近づいたり離れたりする。則ち友人や恋人や兄弟や親子やである。それらが互にはなれ又生を隔ててはもうお互に見知らない。無限の間には無限の組合せが可能である。だから我々のまはりの生物はみな永い間の親子兄弟である。異教の諸氏はこの考をあまり真剣で恐ろしいと思ふだらう。恐ろしいまでこの世界は真剣な世界なのだ。私はこれだけを述べやうと思ったのである。(『新校本宮澤賢治全集』第九巻、二四一―二四二頁、筑摩書房)

主人公の最終論点は輪廻転生である。すべてのいのちあるものはみな遥か昔から九つの段階に流転に流転を重ねてきた。わたしたちが目の当たりにしているのはその十界の中の人間と畜生、すなわち動物である。他には天上界の天人に生まれることもあるが、「他のたましいと近づいたり離れたり」して、「友人や恋人や兄弟や親子」の関係にもなっている。かつてはそのような親子兄弟や恋人や友人であっても、今生ではそんなつながりなど無縁の赤の他人のように振る舞っている。しかし、無窮の時間の中ではさまざま「無限の組合せが可能」で、あらゆる生き物、いのちあるものはみな「永い間の親子兄弟」なのである。キリスト教やその他の「異教」の方々は「この考をあまり真剣で恐ろしい」と思うだろうが、実際、「恐ろしいまでこの世界は真剣な世界」なのである。これが真実なのだ。だから、われらは親子兄弟を食い殺すことはできない、菜食主義にならざるをえないのである。

この主人公の立論は、賢治の年来の持論でもあった。輪廻転生という「恐ろしい」真剣な世界の中で、苦あるいは畜生・修羅と慈悲あるいは仏・菩薩の両極に引き裂かれている。その両極にどのような「愛」と「慈悲」のブリッジを架けることができるのか。賢治が常に求めたのはそのような架橋の論理と実践であった。『ビヂテリアン大祭』はそのような賢治の希求と葛藤がパトスとロゴスの両面から吐露されている。が、結末は肩透かしのようにあっけなく閉じられる。

主人公の熱弁の後、マットン神学博士が「諸君、今日私は神の思召《おぼしめし》のいよいよ大きく深いことを知りました。はじめ私は混食のキリスト信者としてこの式場に臨んだのでありましたが今や神は私に敬虔なるビヂテリアンの信者たることを命じたまひました。ねがはくは先輩諸氏愚昧小生の如きをも清き諸氏の集会の中に諸氏の同朋として許したまへ」と言ってビヂテリアンに「改宗」する。すると、異教徒たちは口々に「悔ひ改めます。許して下さい。私どももみんなビヂテリアンになります」と言い放ち、もんどりうって全員ビジテリアンに改宗した。

だが、実はこれらはみな主催者側——具体的には祭司次長のさしがねによる——の演出であり、やらせ芝居であるという楽屋内が明らかになって、『ビヂテリアン大祭』は尻すぼみのようにあっけなく終焉する。こうして、悲壮感の漂う主人公の論弁も喜劇的な結末によって無化されるかのような印象を与える。にもかかわらず、あるいはそれがゆえに、最後の主人公の真剣な語りが陰画のようなコントラストで異様に浮き立って見えるのである。この悲喜劇的な結構こそ、修羅と菩薩の間で引き裂かれた賢治の葛藤をよく表わしていると言える。

大正七年（一九一八年）、盛岡高等農林を卒業した賢治は保阪嘉内にこう書き送っていた。

保阪さんのする様に一切の生あるもの生なきものの始終を審《つまびらか》に諦かに観察したら何か涙でないものがありませうや。あゝなみだよなみだよ。めゝしくはなくな。おまへの恋人が奪はれ、おまへの名誉が無茶無茶にふみにぢられても男はなくな。おらは泣かない。おらは悲しい一切の生あるものが只今でもその循環小数の輪廻をたち切つて輝くそらに飛びたつその道の開かれたこと、そのみちを開いた人の為には泣いたとて尽きない。身を粉にしても何でもない。この人はむかしは私共とおなじ力のないかなしい生物であつた。かなしい生物を自ら感じてゐた。あゝこの人はとうとうはてなき空間のたゞけしの種子ほどのすきまをものこさずにその身をもつて供養した。大聖大慈大悲心、思へば泪《なみだ》もとゞまらず大慈大悲大恩徳いつの劫にか報ずべき。

ねがはくはこの功徳をあまねく　一切に及ぼして　十界百界もろともに　仝じく仏道成就せん。

一人成仏すれば三千大千世界山川草木虫魚禽獣みなともに成仏だ。（大正七年五月十九日付、保阪嘉内宛書簡、『新校本 宮澤賢治全集』第十五巻、七〇頁、筑摩書房）

ここで賢治は、「一切の生あるもの生なきものの始終」が、「循環小数の輪廻」の中にある悲しみを嘆いている。が、「この人」釈尊は、その「循環小数の輪廻」の鎖を断ち切って、輝く無方の空に飛び立ち、「道」を開いた。その人もまたかつては自分たちと同じ「循環小数の輪廻」をめぐる「かなしい生物」であった。だが、それを断ち切り超える「大慈大悲心」を以てその悲しみの輪を抜け出ることができた。それに倣って生きるわたしは、だから、菜食主義をつらぬき、「大慈大悲心」を「あまねく一切に及ぼし」、十界・百界・三千大千世界もろともに「仏道」を「成就」し、「三千大千世界山川草木虫魚禽獣みなともに成仏」しなければならないのだ。そう賢治は鬼気迫る勢いで保阪嘉内にもマットン博士にも語りかけるのだ。

このような賢治の輪廻観を踏まえた上で、われわれは熊楠が分子の「変化輪廻」とか「錯雑生死」と言っていたことを想い起こしてみよう。「細微分子の死は微分子の生の幾分又全体を助け、微分子の死は分子の生の幾分又全体を助け、乃至鉱物体、植物体、動物体、社会より大千世界に至る迄みな然り。但し此細微分子の生死、微分子の生死、乃至星宿大千世界の生死は一時に斉一に起り一時に斉一に息まず、常に錯雑生死あり。又生死に長短の時間あればこそ世間が立ちゆくなり。」熊楠は、これらの「変化輪廻」も「錯雑生死」もみな究極的に「無終始の大日金界に復する」と考えていた。それは、賢治が言う「三千大千世界山川草木虫魚禽獣みなともに成仏」するということである。

賢治は先に引いた保阪嘉内への手紙の中に、現象界として分岐している差異や差別を超えて、あるいは包摂して、まことに「唯一の実在」があるとの確信を吐露している。

雲の暗い日、円森山といふ深い峯から馬を二頭ひき　自分も炭を荷《にな》ひ一生懸命に私に追ひついた青年がありました。この人は歩きながら馬の食物の高いこと自分の賃銀の廉《やす》いことなどをも云ひました。私はこれを慰めることができません。こう申しました。「私はもし金はもうけてもうまいものは食はない。立派な家にすまない。妻をめとらない。」こんな事がこの人に何かよろこびになるでせうか。私はある谷の上で青い試験紙を一束この人にやり、私は谷に下りて別れました。まひるの光の底にめぐる星群よ、芽を折られて今年はむなしく立つたらの木よ、わが若きすなほな心の社会主義よ、唯一の実在に帰依せよ、ま

ことの又唯一のよろこびはたゞこのことだけだもの。（同、七〇―七一頁）

だが、現象世界の現実は、修羅の相のように、悲しき生き物の苦に満ちている。そのどうしようもないギャップの中に落ち込んで抜け出せず苦しんでいる。賢治は、多様性を寛容に受け入れつつ正す摂受《しょうじゅ》（摂引容受《しょういんようじゅ》）主義と相手の間違いを厳しく問い詰め糾す折伏《しゃくぶく》（破折屈伏《はしゃくくっぷく》）主義の間を揺れている。賢治の文学（表現）は前者を、賢治の宗教（信仰）は後者を行くかのようである。

あなた（引用者注―保阪嘉内）は一返只自巳《ママ》のみ尊く宇宙の大を超へ三世十方に亘《わた》つて唯一の支配者であると云ふ事を無理に感じ込みましたがそんなに不細工な建物は風化作用によつても三四ヶ月中には壊れます。あたりへ御目にかける様な心持が少しでも自分の心に閃いたときは古の聖者は愕然として森の中に逃げ込み一人で静に天人恭敬すれども以て喜びと為さずと云ふ様な態度に入つたものなさうです。誠に私共は逃れて静に自巳《ママ》内界の摩訶不思議な作用、又同じく内界の月や林や星や水やを楽しむ事ができたらこんな好い事はありません。これはけれども唯今は行ふべき道ではありません。今は摂受を行ずるときではなく折伏を行ずるときださうです。けれども慈悲心のない折伏は単に功利心に過ぎません。功利よ　きさまはどこまで私をも私の愛する保阪君をもふみにぢりふみにぢり追ひかけて来るのか。私は功利の形を明瞭にやがて見る。功利は魔です。あゝ私は今年は正月から泣いてばかりゐます。父や母や私やあなたや。（中略）退学も戦死もなんだ　みんな自分の中の現象ではないか　保阪嘉内もシベリヤも　みんな自分ではないか　あゝ至心に帰命し奉る妙法蓮華経。世間皆是虚仮仏只真。（大正七年三月十四日付、保阪嘉内宛書簡、『新校本 宮澤賢治全集』第十五巻、五七頁、筑摩書房）

賢治は「慈悲心のない折伏」は「功利心」であり、「功利」は自他を破壊的に踏みにじる「魔」であると述べている。そもそも摂受と折伏とは、日蓮の『唱法華題目鈔』によると、慈と悲の相補的関係にある。慈という父の愛が折伏で、悲という母の愛が摂受である。ゆえに、折伏も摂受も慈悲心の両極的相補的発現なのである。そうした摂受と折伏の中で「功利」の「魔」に襲撃された賢治は、そこから逃れようともがく。そして一挙に「功利」も何もかも投げ捨てるかのように、「退学も戦死もなんだ　みんな自分の中の現象ではないか　保阪嘉内もシベリヤも　みんな自分ではないか　あゝ至心に帰命し奉る妙法蓮華経。世間皆是虚仮仏只真」と縦一筋に駆け上がるのだ。この飛躍。この跳躍。

すべてが「自分の中の現象」というのは、久遠実成の本仏からすればその通りであろう。しかし、個別具体の切れば血の出る個体を持つ我が身はそのまま我が身であり、保阪嘉内の身体とは異なる。保阪嘉内は保阪嘉内である。宮沢賢治は宮沢賢治である。その個体同士が交流交換することはあっても、一つになることはない。

だが、賢治は、「保阪嘉内もシベリヤも　みんな自分ではないか」という地点まで必死で登り詰める。賢治の思考は水平的な乗り越えを生まない。いきなり、突然、一挙に飛翔する。「よだかの星」のように。これは真の解決なのか？　それとも現実逃避なのか？　「至心に帰命し奉る妙法蓮華経。世間皆是虚仮仏只真」。まさしくことはお題目である。おまじないである。世間＝現実世界を「虚仮」幻想と見、「仏」だけをひたすら真実と見る。それによって、現実を捨象し、見えない「真仏」に帰投する。しかしそれは、保阪嘉内とのすれ違いを生むのみである。

後に、『春と修羅』「序」で賢治はこう書くことになる。「わたくしといふ現象は／仮定された有機交流電燈の／ひとつの青い照明です／（あらゆる透明な幽霊の複合体）／風景やみんなといつしよに／せはしくせはしく明滅しながら／いかにもたしかにともりつづける／因果交流電燈の／ひとつの青い照明です／（ひかりはたもち、その電燈は失はれ）」。「わたくし」は「有機交流電燈」の点滅する「ひとつの青い照明」にすぎない。世界の根源をなすその「ひかり」は永遠に保たれる。だが、「青い照明」の「電燈」は点滅した後、消滅する。消え去る。

電流は不変・普遍のエネルギーである。だが、電燈は諸行無常、点滅し、いつかは消滅してしまう個体である。その電燈には諸種の「幽霊」が「複合」している。そこには宮沢賢治も保阪嘉内も「複合」するところがあるかもしれない。しかし同時に、宮沢賢治と保阪嘉内の電燈も点滅も異なる輝きと動きを示す。それが個であることの宿命である。賢治は一体化を希求したが、結局、折伏同化を果たすことはできず、保阪嘉内と絶縁することとなる。

賢治の「白骨の御文」と熊楠の「大日和讃」

賢治は子どもの頃、「正信偈《しょうしんげ》」と「白骨《はっこつ》の御文《おふみ》」を暗誦していたという。「正信偈」は「正信念仏偈」とも言われる七言六〇行一二〇句の偈文で、親鸞の主著『教行信証』行巻の最後に収められている信仰の要諦を記した偈文を本願寺第八世蓮如が勤行《ごんぎょう》のときに読誦することができるようにしたものである。「帰命無量寿如来、南無不可思議光」で始まり「道俗時衆共同心、唯可信斯高僧説」で終わる意味の難解な漢文八四〇字を覚えるのは容易ではない。わが国でもっともポピュラーな経典の『般若心経』が冒頭の「仏説」と題字（タイトル）を含め、最後の「般若心経」までを入れて、全二七八字であるから、その三倍以上の文字数である。

それに対して、「白骨の御文」は蓮如が書いた四五〇字ほどの漢字仮名混じりの和文で、十六通の御文の中でもっともよく知られている次のものである。

それ、人間の浮生なる相をつらつら観ずるに、おほよそはかなきものは、この世の始中終、まぼろしのごとくなる一期なり。されば、いまだ万歳の人身をうけたりといふ事をきかず。一生すぎやすし。いまにいたりてたれか百年の形体をたもつべきや。我やさき、人やさき、けふともしらず、あすともしらず、おくれさきだつ人は、もとのしづく、すゑの露よりもしげしといえり。されば朝には紅顔ありて夕べには白骨となれる身なり。すでに無常の風きたりぬれば、すなはちふたつのまなこたちまちにとぢ、ひとつのいきながくたえぬれば、紅顔むなしく変じて、桃李のよそほひをうしなひぬるときは、六親眷属あつまりてなげきかなしめども、更にその甲斐あるべからず。さてしもあるべき事ならねばとて、野外におくりて夜半のけぶりとなしはてぬれば、ただ白骨のみぞのこれり。あはれといふも中々おろかなり。されば、人間のはかなき事は、老少不定のさかひなれば、たれの人もはやく後生の一大事を心にかけて、阿弥陀仏をふかくたのみまゐらせて、念仏まうすべきものなり。あなかしこ、あなかしこ。

ここで表出されているのは、百年の寿命も持たない人間のいのちに対する無常の嘆きである。大胆に意訳してみると次のようになる。——浮き草のような人生というものは、よく考えてみるとはかないもので、まぼろしのようなものだ。「バンザーイ（万歳）」という人の仕草はあっても、誰一人「一万歳」まで生き永らえる人はいない。ましてやこの戦乱の時代にあっては、百年の命を保つことなどできるわけがない。明日をも知れぬのが命である。紅顔の美少年もいつかは無常の風に晒されて白骨の身となる。親戚一同が集まって如何に嘆いても何の甲斐もない。野辺に送って火葬してしまえば、ただただ残るのは白骨ばかり。哀れというも愚かしい限り。人間のはかなさはこの世のならいで仕方がない。だからこそせめて後生の一大事を心掛け、阿弥陀如来にすがってお頼み申し上げ、ひたすら念仏するのである。ああ、恐れ多いことだが、それより他にはないのだよ。

賢治は子どもの頃からこの「白骨の御文」を暗誦できた。さぞやこの無常観は賢治の骨身に沁み込んだことだろう。だが、賢治は日本仏教宗派数ある中で、念仏信仰ともっとも敵対する日蓮系法華信仰に投企していった。罪業深き凡夫の極楽往生を願う絶対他力の念仏による諦念ではなく、法華の菩薩道を行じる自力的な現実変革的な行動への跳躍。それは同信同朋の徒からすれば、念仏高速道路を逆走するような、異安心者《いあんじん》の無謀な試みであったにちがいない。浄土真宗の篤信家であった父宮沢政次郎もそう思ったことだろう。

賢治が「正信偈」や「白骨の御文」を諳《そら》んじていたように、熊楠は「地蔵和讃」や「大日真言」を諳んじていた。熊楠は子どもの頃を振り返り、土宜法龍にこう書き送っている。

（引用者注―父母は）地蔵の和讃、大日真言などを聞かせて育てたり。この和讃、この真言のかたことばかりの中に、在英の現在の金粟如来は生まれたるなり。土宜師もずいぶん渇仰恭礼《かつごうきょうれい》したまえ。されば子の根性は全く父母の行に因《よ》るものなり。父母はその気でせず、ただ子供ねさするために唄うた和讃や粉川寺《こかわでら》の順礼歌も、子に取りては無上の教育じゃ。（『南方熊楠全集』第七巻、一五五頁、平凡社、一九七二年）

熊楠は、「地蔵の和讃、大日真言」や「粉川寺」（西国三十三所第三番札所粉河寺）の「順礼歌」（巡礼歌・御詠歌）などの「かたこと」から、今ロンドンにいる自分「金粟如来」が生まれたと自慢げに述べている。この「地蔵の和讃」には十二種ほどのバージョンがあるが、新義真言宗根来《ねごろ》派の寺院・延命院を菩提寺とする父母が語り聞かせた地蔵和讃は次のような真言宗系のものであっただろうか。

帰命頂礼地蔵尊　無仏世界の能化なり
これはこの世のことならず　死出の山路の裾野なる
賽《さい》の河原の物語　聞くにつけても哀れなり

この世に生まれし甲斐もなく　親に先立つありさまは
諸事の哀れをとどめたり
二つや三つや四つ五つ　十にも足らぬおさなごが
賽の河原に集まりて　苦患《くげん》を受くるぞ悲しけれ
娑婆と違いておさなごの　雨露しのぐ住処さえ
無ければ涙の絶え間無し　河原に明け暮れ野宿して
西に向いて父恋し　東に向いて母恋し
恋し恋しと泣く声は　この世の声とは事変わり
悲しさ骨身を通すなり
げに頼みなきみどりごが　昔は親のなさけにて
母の添い寝に幾度の　乳を飲ますのみならず
荒らき風にも当てじとて　綾や錦に身をまとい
その慈《いつく》しみ浅からず
然るに今の有様は　身に一重さえ着物無く
雨の降る日は雨に濡れ　雪降るその日は雪中に
凍えて皆みな悲しめど

娑婆と違いて誰一人　哀れむ人があらずなの
ここに集まるおさなごは　小石小石を持ち運び
これにて回向《えこう》の塔を積む
手足石にて擦れただれ　指より出ずる血のしずく
からだを朱に染めなして　一重つんでは幼子が
紅葉のような手を合わせ　父上菩提と伏し拝む
二重つんでは手を合わし　母上菩提と回向する
三重つんではふるさとに　残る兄弟我がためと
礼拝回向ぞしおらしや
（中略）
娑婆にありしその時に　母の乳房に取りついて
乳の出でざるその時は　責まりて胸を打ち叩く
母はこれを忍べども　などて報いの無かるべき
胸を叩くその音は　奈落の底に鳴り響く
父が抱かんとするときに　母を離れず泣く声は
八万地獄に響くなり

父の涙は火の雨と　なりてその身に振りかかり
母の涙は氷となりて　その身をとずる嘆きこそ
子故《ゆえ》の闇の呵責なれ

（中略）

娑婆と冥土はほど遠し　いつまで親を慕うとぞ
娑婆の親には会えぬとぞ　今日より後は我をこそ
冥土の親と思うべし　幼き者を御衣《みごろも》の
袖やたもとに抱き入れて　哀れみたまうぞ有難や
いまだ歩まぬみどりごも　錫杖の柄に取り付かせ
忍辱《にんにく》慈悲の御肌《おんはだ》に　泣く幼子も抱《いだ》き上げ
なでさすりては地蔵尊
熱き恵みの御涙《おんなみだ》　袈裟や衣にしたりつつ
助けたもうぞ有難や
大慈大悲の深きとて　地蔵菩薩にしくはなく
これを思えば皆人よ　子を先立てし人々は
悲しく思えば西へ行き

残る我が身も今しばし　命の終るその時は
同じはちすのうてなにて　導き給え地蔵尊
両手を合して願うなり
南無大悲の地蔵尊　南無阿弥陀仏阿弥陀仏
真言　おんかかかびさんまえいそわか（奄訶訶訶尾娑摩曳娑婆訶）

このような賽の河原をさ迷い、地蔵菩薩によって救済される子どもたちの死の世界への道行を詠《うた》う地蔵和讃を寝物語に聴いた熊楠に、どのような死後世界や地獄の情景が浮かんできただろうか。

南方家の菩提寺は通称「赤門寺《あかもんでら》」と呼ばれる名刹《めいさつ》で、本尊は金剛界大日如来であるが、併せて地蔵菩薩と十一面観音菩薩と弘法大師も祀り安置している。正式名称は遍照山延命院普賢寺という。もともとは、紀伊国一宮の延喜式内社で旧官幣大社の日前宮《にちぜんぐう》（日前国懸《ひのくまくにかかす》神宮）の神宮寺として創建されたと伝えられる、たいへん格式の高い由緒のある寺である。当院の客殿と山門は、文化二年（一八〇五年）、紀州藩第八代藩主徳川重倫（観自在院）により寄進された。山門がベンガラによる紅塗りの赤い門であったので「赤門寺」と呼ばれるようになった。和歌山三十三所の第四番札所ともなっている。祀られている弘法大師像は江戸時代中期に円信上人が夢告により京都の仏師に造らせたものであるという。

地蔵院の一尊である地蔵菩薩は、言うまでもなく、地獄に落ちて業火に苦しむ衆生を救済し、子どもを守護する菩薩として、観音菩薩と並んで篤い庶民信仰を形成した民間信仰の代表的な菩薩である。その新義真言宗根来派の名刹地蔵院の影響の少なくなかったことは、次のことから知られる。熊楠は東京大学予備門を中退してアメリカに渡り、アリゾナ大学で学んでいた際、『珍事評論』という、熊楠一人で作り上げた新聞形式の手書き雑誌を出した。それはじつに奇怪な一人マガジンである。その中で、地蔵院の住職に勧められて得度した主人公が高野山に登って真言宗を学び、空海の『三教指帰』を読むに至って下野して米国に渡り、昼は「物性」の研究をし、夜は「物心」の研究をする自伝的な小説が掲載されている。

明治二十年（一八八七年）、東京大学予備門を中退し故郷で一年余り過ごした後渡米した熊楠は、サンフランシスコからミシガン州のランシングに移動してミシガン州立農学校に入学する。学校の授業よりも植物採集に一所懸命であったが、学内で飲酒事件を起こし、退学を決意して大学街のアナーバーへ移り、そこで『珍事評論』を編集・発行した。身の回りに起こった「珍事」を詳細・滑稽に紹介するマガジンであるが、これが後の矢吹義夫宛履歴書のように尋常ではない細密さと過剰さで、この当時から横一面男の熊楠的特性がいかんなく発揮されている。『珍事評論』第一号は、明治二十二年八月十七日に発行されている。八頁タブロイド判全手書き挿絵付きで、その冒頭には「毎月珍事畜《たま》り次第発行」、「二千五百四十九年八月十七日発兌」、「編輯、謄写、其他一切事務取扱ひ人　南方熊楠」と表記されている。冒頭記事の「発刊之主意及読者諸君の注意」の中に、「詩に曰く、戯虐《ぎぎやく》すれども虐を成さずと。僕は正に戯虐を以て諸君を虐せんと欲するものなり。焉《ここ》に一紙を発行して珍事評論と号し、毎月起る所の珍事悉く網羅して残す所無きを期し、聊《いささ》か所見を附して評論を示し、以て諸君今年春のお世話焼に報ひんと欲す」と記されている。

ここで言う「珍事」のほとんどは留学生仲間の人物評と行状記録であるが、それも「飲中八仙歌」とか「猥褻家合伝」とかの題で、酒と色恋などを面白可笑しく戯作的にあてこすったりした文章が大半で、その中に熊楠の想い人であった羽山繁太郎をモデルにしたかなりリアルなドキュメントも含まれている。

同年九月、熊楠は『珍事評論』第二号を編集・発行し、そこに第一号では見られなかった全漢文の「与竜聖法印書」と題した架空「履歴書」とも「自伝」とも仏教史論とも言える小説を載せている。この一文が熊楠が最初に書いた真言宗や仏教についての考察として極めて重要な意味を持つ。

そこで熊楠は「序」を次のように書き始める。

腎沢紀伊国日高郡之人、生不食葷肉、幼而頴悟、十二能暗誦文選、真言僧勧善、延命院主、一見悦謂、是我宗之商那和《セーナカ》、請其父為徒弟、居半歳登高野山、就地蔵院居焉、一日読空海三教指帰、掩巻曰、指揮如此乎、人生所期其如何哉、於是始廃鉢多羅《バダラ》之食、乃徹蘭染黄被、挈壺携童、時同塵市朝、間洗耳清谿、此時吟詠不肯已、一旦豪毅気自奮、苦学百方現在美国《アメリカ》

「腎沢《じんたく》は紀伊の国の日高郡の人なり。生れてより葷肉《くんにく》を食わず、幼くして頴悟《えいご》なり。十二のとき能《よ》く『文選《もんぜん》』を暗誦す。真言僧の勧善、延命院主、一《ひと》たび見て悦《よろこ》びて謂《い》う、これわが宗の商那和《セーナカ》なりと、その父に請いて徒弟となす。居《お》ること半歳、高野山に登り、地蔵院に就いて居《きょ》す。一日、空海の『三教指帰《さんごうしいき》』を読み、巻を掩《おお》いていわく、指揮すること、此《かく》のごときか、人生期する所それ如何ぞや、と。是《ここ》において始めて鉢多羅《バダラ》の食を廃《や》め、すなわち蘭染黄被を徹《す》て、壺を挈《ひっさ》げ童《わらべ》を携《たずさ》え、時に市朝に同塵し、間《ま》ま耳を清谿に洗う。この時、吟詠肯《あ》えて已《や》めず。一旦《あるあさ》、豪毅の気自ら奮い、苦学すること百方、現に美国《アメリカ》にあり。」

（『南方熊楠　珍事評論』長谷川興蔵・武内善信校訂、九八・一〇三～一〇四頁、平凡社、一九九五年）

ここで、主人公は釈腎沢と名乗るが、「序」の最後に、「腎沢、因って自ら鑑《かんが》み、心に腎の常

に沢《うるお》いて少しくも槁《か》れざるを冀《こいねが》い、以て自ら俗姓名を南方熊楠と名づく」とあるので、実は熊楠のことであることが明らかになる。この冒頭の大意は次のようなものである。

熊楠自身は和歌山市の生まれであるが、先祖は確かに紀伊国日高郡大山出身なので、自分を日高郡の人とするのは恣意的な選択ではない。釈賢沢は生まれた時から菜食で、子どもの頃から聡《さと》く賢かった。十二歳の時にはすでに中国の古典詩文集の『文選』を暗誦していたので、真言宗延命院の住職の勧善院主がその怜悧《れいり》さを、「わが宗門の商那和《セーナカ》（阿難陀《アーナンダ》の弟子、釈迦の孫弟子三代目で正法の継承者とされる）である」と見込み喜び、賢沢の父に頼んで徒弟とし、半年の修行の後、高野山に上がって地蔵院で修行し始めた。

そして、ある日のこと、弘法大師空海が二十四歳の時に書いた儒教・道教・仏教の三教の優劣を教相判釈した『三教指帰』を読み終えて、大変な啓発を受け、その指南によっておのが人生の指針と目的を問いかけ、僧衣を脱いで高野を下り、俗塵にまみれては折に触れてその汚れを払い清めた。が、あえて、詩を詠むことは止めず、一念発起して苦学の末、今はアメリカにやってきたのである。

これは、熊楠自身の霊性的自叙伝とでもいうべき「仮想履歴書」である。ここにすでに後年の熊楠の叙述の仕方が現われている。この「与龍聖法印書」は全漢文の論文調であるが、『珍事評論』全体の多くは戯作調のルポルタージュで、痛烈な人物評を交えた風刺や皮肉や批判の中に「与龍聖法印書」のようなほぼ真面目な論考が混じっている。その論考も、宗教学を学ぶ渡辺龍聖の仏教理解に対する鋭い反論を含んでいる。

この「与龍聖法印書」は完全なる論文でも完全なるフィクションでもないが、熊楠のスピリチュアルアイデンティティと仏教理解の核心をよく表わしている。そして熊楠自身、地蔵院院主の白貫勧善《しらぬきかんぜん》住職に「わが宗門の商那和」とその将来を嘱望される自負も自覚もあったであろう。

特にこの「仮想履歴」で重要なのは、この時二十二歳の熊楠（僧名釈贒沢）が延命院住職の勧善に見込まれて真言宗の僧侶となったということと、賢治と同様、菜食主義であったということと、一度入山した高野山を空海の『三教指帰』を読んで下山し、市井で苦学しアメリカまで来たという三点である。

『三教指帰』は十八歳で大学を中退した空海の青春思想放浪記で、二十四歳の時に書き上げた出家宣言書でもある。どうしようもない不良少年の蛭牙公子の行状を見かねた叔父の兎角公《とかくこう》が、甥を連れて儒学者の亀毛《きもう》先生を訪ね、仁義礼智信の五常などの儒教道徳を学ばせる。続いて、道教の道士の虚亡隠士を訪ねて不老長生の技法を学ぶ。そして最後に、乞食僧の仮名乞児《かめいこつじ》が登場して無常と縁起の法を説き、仏教こそが真実の教えであると気づき、仏道修行に入るという思想遍歴が美文調の名文で物語られる。

それを読んで熊楠・賢沢はいったいどのような「発心」を持ち下山し、「美国＝アメリカ」に至ったのか？　その思想の衝撃と覚悟が何であったか、この仮想履歴書は熊楠の内面的転換までは詳しく記述しない。しかし、下山するということは還俗《げんぞく》するということであるから、そこで何らかの思想転換があり、それにより方向転換したということである。この後も仏教論が語られるので、思想的には仏教者であることは間違いないが、しかし、真言宗の僧侶であるということの意味を見出していたかどうかについては不明である。というよりも、この時代においては、僧侶であるよりも、還俗してこの時代の最新の学問、すなわち「物性」探究の自然科学を学ぶ必要があると考え、米国まで来たということになるだろう。

環栄賢『密教的世界と熊楠』（春秋社、二〇一八年）によれば、安政四年（一八五七年）から明治二十七年（一八九四年）まで、延命院の住職は白貫勧善が務めた。白貫勧善はロンドン在住時代の熊楠に宛てて何度か手紙を書き、熊楠も仏教について質問を書いて送るなど、やり取りがあった。「ロンドン日記」の一八九四年一月二十六日に、熊楠は「常楠状にそえ、白貫勧善師より五大明王の予の問に答書をおくらる。前日、土宜師状に、白貫師と面は不識とも時々書信して意を通ずること有、といえり」とか、同年二月十日には「発信、常楠状一、白貫勧善師への状封入す。次の水曜日に出すなり」とか、二月十四日には、「常楠へ状一本出す。前日来出す可処《べきところ》、植物標本整理等の為太《はなは》だ後る。この状中へ白貫師への状封入す。此状は十七日にいよいよ出す」とか、同年十一月二十一日には、「朝、常楠状着、白貫勧善師より五大明王の梵語等の記を贈らる」と記しているので、熊楠が白貫勧善に密教の五大明王などのことを質問し、勧善がそれに丁寧に答えていたことがそのやり取りでよくわかる。

土宜法龍との面識以前から、実家の菩提寺の新義真言宗根来派の白貫勧善延命院住職との交わりなどを通して真言密教に対する一定の理解と関心があったことは、熊楠の仏教理解と仏教論を検討するうえで忘れてはならない点だ。

『珍事評論』の熊楠の仏教論でユニークなのは、仏教の流布の過程で「神智主義者《セヲソフキスト》」や「瑞典堡《スウキヅンベルグ》」が出てくるところや、「小乗仏教」・大乗仏教両者ともに非仏説という指摘である。

> 是《ここ》を以て教えの布《おもむ》く所は、南は錫蘭《セイロン》に拠り、西は波斯《ペルシヤ》に到り、中は支那に盛《さか》え、北は瑞典《スキツヅン》を掠《かす》め、東はわが日本を包む。他《そのほか》、仏に、独に、英に、美に、称して神智教徒《セヲソフキスト》となす者は、万を以て数算《かぞ》う。また実に是れなり。けだし仏徳は無偏に、蔵論は精覈《せいかく》に、戒律は斉整に、経文は有理なり。故に周子は太極説を作つて、掬《すく》うあり、邵子は消長論を述べて、酌《く》むあり。勺辺治児《ショッペンホウエル》は頼りて以て厭世教《ペッシミズム》を立て、瑞典堡《スウキヅンベルグ》は資《よ》りて以て新寺《ニウチヤーチ》を創《はじ》め、歇傑爾《ヘッケル》は大いにその哥羅蘭《カララン》・阿蒲曇《アブダマ》相互遺伝の弁を賛し、斯辺撒《スペンセル》は参して以て耶蘇教徒の偏安無智を諷す。而《しか》るに近世の日本仏教はことに衰残し、邪教その人を蠱《まどわ》し、大いにその

真を乱す。腎沢、身は現に密芻《びつしゅ》に列せずといえども、常住仏心を護持し、或《つね》に怠慢なし。すなわち日本の衆生の妄《みだ》りに仏を捨てて邪に帰するを憎むなり。すなわち日本の仏徒の徒《いたずら》に今を以て古《いにし》えを襲うを怒るなり。腎を嗤《わら》う者は志を降して異を容るるなり。覚を笑う者は永く窟《いわや》の裏《うち》に睡《ねむ》るなり。（同、一〇四〜一〇五頁）

ここで、若き熊楠は、仏教の伝播が東西南北に拡がり、南はセイロン、西はペルシャ、中部は中国、北はスウェーデン、東は日本まで伝わったと記す。加えて、フランス、ドイツ、イギリス、アメリカに「神智学者」は万単位で存在し、スウェーデンボルグは「新寺」（ニューチャーチ・新教会）を広めたと拡張する。興味深いのは、熊楠が「神智主義者《セヲソフキスト》」と「勺辺洽児《ショッペンホウエル》」と「瑞典堡《スウキヅンベルグ》」を仏教に並ぶ思想家として並列に記述していることだ。何らかの形で熊楠が当時の流行思想の神智学やスウェーデンボルグ主義に触れていたことを示す記述である。後に、明治四十三年（一九一〇年）熊楠とも交流のあった鈴木大拙がスウェーデンボルグの『天界と地獄』を翻訳出版することになるが、熊楠は大拙よりだいぶ早くスウェーデンボルグの思想に触れており、それを仏教との関連で捉えていたことは先駆的な着眼であったと言える。

この後、「与龍聖法印書」には、大乗非仏説論が説かれるが、ユニークなのは大乗仏教が非仏説ばかりでなく、「錫蘭《セイロン》所存の仏法は、一に小乗に係り、また所謂大乗なる者なし。今その経文を読むに、日本所存の小乗文と、大いなる差異なし。すなわち知る。日本所存の小乗文は、そのあるいは第三議会の成に係ることを。必ずこれ、世尊自作の書にあらざること、明《あき》らけし」、「腎沢、已上の理見を以て言う、大小乗諸経は、みな後代の策にて、親《みずか》ら世尊の作るにあらざるなり」などと、いわゆる「小乗仏教」もまた非仏説であると説いているところである。

それでは、小乗も大乗もともに非仏説であるとするならば、何が真の仏説なのか？　想像できるのは、高野山を下りた釈腎沢すなわち南方熊楠が幼少から学んだ空海密教こそが真説の仏教思想であるという理論である。だが、この「与龍聖法印書」は第一篇だけが残存していて、予告され、発刊されたはずの『珍事評論』第三号掲載の「与龍聖法印書」の第二篇は見つかっていないので、そこにどのような仏教論が展開されているかは想像の域を出るものではないが、次のような土宜法龍に宛てた熊楠の見識を見ると、この想像もそれほど的外れではないように思える。

仏すなわち釈尊の説法には、華厳の種子、真言の密法、法相の要旨、天台の所起、念仏の方便、いずれもあるなり。それをまた小者その小を得るで、おのおの得手得手で発せるものが、竜樹以下の輩なり。もっともこれとても年代もかわり、範囲もかわれば、規範また方便は、釈迦の言わぬところも言いあるなり。上の図は網のごとく、二集まって一となり、一散じて二となるように、二倍ずつのものとせるが、実はこれどころのことでなく、下の図のごとく、レースをあんだように、百集まりて一となり、また分かれて百となるようなものと見れば、大いによく分かるなり。（明治二十七年三月三日付、土宜法龍宛書簡、『南方熊楠全集』第七巻、二二一頁）

ここで、確認しておきたいことは、『珍事評論』を出した二十二歳の熊楠が、若年ではあっても実に堅固な「常住仏心護持」の念と「日本仏徒」の意識を持ち、鋭く批評的な仏教認識を発信していたことである。真言密教や高野山に対しても、小乗仏教や大乗仏教に対しても、すでに一つの明確な見識を持ち、そことの距離を保ちつつ独自の仏教観を提示していることは、それから八年後の土宜法龍との密教論戦の前哨戦として大変興味深いことである。熊楠の気概と見識はこの段階でも大いに認められる。とすれば、土宜法龍との論戦は付け焼刃ではなく、幼少期からの白貫勧善延命院住職との接触を踏まえた仏教観に基づくものであったということになる。熊楠仏教は一日にして成らず、であった。

熊楠仏教と賢治仏教

さて、それに対して、賢治仏教はどうであったか？　これまた一日にして成らずであったことは、賢治が幼少期から蓮如の「白骨の御文」などを暗誦していたことにより明らかである。

だが、それ以上に興味深いのは、土俗密教念仏宗とも言える「隠し念仏」と深い関係を持っていたことが推測される点である。たしかに、賢治が隠し念仏の徒であったという証拠は公的な資料にはない。しかし門屋光昭が『鬼と鹿と宮沢賢治』（集英社新書、二〇〇〇年）で推測しているように、賢治が隠し念仏の秘儀を受けていた可能性も否定しきれない。そう考えることによって、賢治の内面における念仏への屈折した思いと法華信仰への激しいのめり込みがより深く鋭く理解できる。

賢治がもし隠し念仏の世界に触れていたとすれば、賢治仏教の基層には土俗密教ないし民俗密教的要素があった。というのも、隠し念仏は極めて土俗密教的な秘事念仏の世界だからである。賢治はしかしそこから離れて、賢治にとっての「透明な」信仰圏、すなわち法華信仰の世界に跳躍飛翔した。それが事の深層（真相）ではなかったか？

『春と修羅』第三集（生前未刊）の作品番号一〇五六「秘事念仏の大元締が」（一九二七年五月七日作）に次のような一節がある。

秘事念仏の大元締が
今日は息子と妻を使って、

北上ぎしへ陸稲《おかぼ》播《ま》き、（中略）
秘事念仏のかみさんは
乾いた牛の糞《コヤシ》を捧げ
もう導師とも恩人とも
じぶんの夫をおがむばかり（中略）
秘事念仏の大元締は
麦稈帽子をあみだにかぶり
黒いずぼんにわらじをはいて
よちよちあるく烏を追ふ（中略）
秘事念仏の大元締は
むすこがぼんやり楊をながめ
口をあくのを情けながつて
どなつて石をなげつける（『新校本 宮澤賢治全集』第四巻、八〇―八一頁、筑摩書房）

ここにある「秘事念仏の大元締」とは隠し念仏の指導者のことであるが、その一家の日常の農作業を賢治は冷ややかなまなざしで見つめている。それ以上に、「秘事念仏のかみさん」が

「乾いた牛の糞を捧げ」て、夫を「導師」や「恩人」であるかのごとく拝んでいる様子の描き方には滑稽さや揶揄ばかりではなく、憎々しさや底意地の悪さも感じられる。この「秘事念仏の大元締」を高橋梵仙は『かくし念仏考　第一』(巌南堂書店、一九六三年)で佐藤勘蔵と推定し、門屋光昭は前掲書で羅須地人協会のあった下根桜地域の誰かであろうと推定している。

文語詩「秘事念仏の大師匠　(二)」の冒頭にも、「秘事念仏の大師匠、元真斎は妻子して、北上岸にいそしみつ、いまぞ昼餉《ひるげ》をした丶むる」とある(『新校本宮澤賢治全集』第七巻、四四頁、筑摩書房)。この隠し念仏の導師である「秘事念仏の大元締」とか「秘事念仏の大師匠、元真斎」に対する賢治のまなざしと思いはかなり屈折しているように見える。宮沢賢治はなぜこのような「大元締」に対する反感と皮肉も露《あらわ》な詩をくりかえし書かねばならなかったのか?　賢治の中にある信仰上の葛藤と軋轢と屈折は、一般に考えられているものよりもずっと深刻で根深かったように思える。だが、そこから、賢治の比類ない孤独と激烈な法華信仰への発心と超越性が生まれてくるのである。

隠し念仏は、「クロポドゲ信仰」とも呼ばれるが、そこにはキリスト教の幼児洗礼や堅信礼にも似た「アガゴオモドヅゲ」と「オドリアゲ」という二つの秘儀がある。前者の「アガゴオモドヅゲ」は一種の幼児洗礼で、臍《へそ》の緒を切って七日以内に導師の元で、「グワイキモン(改悔文)」を赤子を抱いた親が唱えるものである。

もう一つの秘儀である「オドリアゲ」の方は一種の堅信礼儀礼で、五、六歳の幼児が独りで仏壇の燈明だけが点《とも》る暗い部屋に入って、仏壇の中に立てられた松の葉の芯を一心不乱に見つめ、燈明の光に照らされて輝く輪の中に吸い込まれるような気がした時、力と息の続く限り「ターツケターマエーッ」と叫び、腹の底まで息を吐き切るという加入儀礼である。酸欠状態で体がフラフラになり、「半心」状態に陥った時、新たに吸う息と共に「仏さまが体に入る」とされる。その後、導師の口伝えで改悔文を唱える。それを体験した阿伊染徳美の『わがかくし念仏』(思想の科学社、一九七七年)によると、阿伊染は子ども心に「信仰にはいったような気がした」と言う。

隠し念仏は京都の鍵屋流の秘密念仏宗の伝道師に端を発し、ここには密教的な即身成仏思想と念仏信仰の混淆が見られる。宮沢賢治と同じ町の生まれの佐藤勝治は『賢治文学のよろこび第一集』(寂光林、一九八七年)の中で、自家が公式には曹洞宗の円通寺であるが、説教は浄土宗、葬式は浄土真宗、そして「真実の信仰はかくし念仏」という四重の重層信仰で、しかも父親の家は神社であったと記している。門屋光昭は前掲書の中で、宮沢賢治の家も同様の重層信仰を持っていた可能性を指摘している。もしそうだとすると、宮沢賢治の宗教観の深層と表層を捉え直す必要が出てくる。

このような秘密念仏信仰は、岩手県だけではなく、北陸地方にも見られた。たとえば、鈴木大拙も隠し念仏に触れた経験があると記している。鈴木大拙の自叙伝には、母が浄土真宗の「秘事法門」に入っていて、その大きな感化を受けたことを告白しているくだりがある。大拙は、九歳か十歳の頃、「秘事法門の或る意味でいふ洗礼を受けた」(『鈴木大拙全集』第三十巻「自叙伝」、岩波書店)。これは加賀国に伝わった隠し念仏系の秘密念仏の加入儀礼であったのだろう。

考えるべきは、宮沢賢治の内部にも生活圏にも、大変複雑な混淆した重層信仰があったという点である。賢治はこの信仰上の重層性にやがて戸惑いや反発も感じるようになっていったのではないだろうか。それを当たり前の民俗信仰や習俗と見て受容するのではなく、賢治の求道的精神はより純粋な信仰、『銀河鉄道の夜』のジョバンニの言葉を使って言えば「まことのさいはひ」を求め、ついに法華経と出会っていく。

法華経は生命讃歌の経典であると同時に、生命救済の経典でもある。「第二　方便品」で衆生救済の方法と範囲を説き、「第十六　如来寿量品」でその根拠となる釈迦以前の根源仏たる久遠実成の本仏の存在論に説き及ぶ。「方便品」では、仏道を求道する声聞・縁覚(独覚)・菩薩の三乗が一乗に帰一する「会山一乗」(開三顕一、三即一)が説かれ、悟りは平等にすべてに開かれているという思想的立場を法華経は採る。したがって、思想的には、実相と手法(方法)、目的と手段、そのすべてを法華経は内包しているということになる。別の言い方をすれば、法華経は仏教の本質（エッセンス）と方法（メソッド）を「With」の思想すなわち菩薩の思想とはたらきとして説いたということである。

賢治はこの法華経を通して、存在世界と宇宙の全貌を直覚的に理解したのであろう。そして、その仏と世界の本質と現象、過去と未来を、今ここのこのわが身に手繰《たぐ》り寄せる糸の連鎖を見出した。その糸のつながりが『春と修羅』の序詩にも表現されている。そしてその宇宙の微塵の中にも久遠実成の本仏が浸透し息づいていることを感知した。ある意味では、それはほとんど空海が理解した真言密教の大日如来の宇宙に近い曼陀羅的な宇宙観であったと言える。そもそも、日蓮自体が、天台教学ばかりではなく、二十代の修行僧時代に真言密教を学び、灌頂も受けている。

とはいえ、密教の金胎両部《こんたいりょうぶ》（金剛界・胎蔵界両部）の世界観は、究極の包摂的な座標軸であって、現実世界は厳しく苦難に満ちた分断と対立に見舞われている。救いようのない闘争と破壊の修羅の世界が広がっている。その中で、自分を制御することすらままならぬ。そうした修羅の世界における実践的な光明を、賢治は法華経の生命哲学に見出したのである。そしてその具体的な指針を国柱会の創始者の田中智学の思想と活動の中に見出すことになる。この法華経への思想的転回と国柱会への入信の動機の中に、賢治の宗教的煩悶が秘められている。

隠し念仏も浄土真宗も、アニミズムもシャーマニズムもトーテミズムも、それぞれに濃厚な

日蓮聖人　臨滅度時の大曼荼羅ご本尊　鎌倉妙本寺　蔵

宗教的意味世界を持っている。賢治の存在感覚はそれら各個それぞれの意味も世界も理解できる。しかし、それを包括しつつ一貫させる理法を賢治は持たなかった。だがそれらをすべて包含しながら、一つに串刺ししていく存在の理法とコンパス（羅針盤）が法華経には詰まっていた。

アニミズムもトーテミズムもシャーマニズムもみな法華経が包含できる。日蓮の法華経は独自の曼陀羅思想を持っているからだ。法華曼陀羅。日蓮は「南無妙法蓮華経」の題目の文字を中心としたいわゆる「板曼陀羅」を独自に創案し、そこに八幡大菩薩や天照大神の神名も記している。日蓮は独自の法華経的歴史認識に基づいて予言をした。法華曼陀羅的な未来世界の設計も示すことができる。幼少期から賢治一家が依拠してきた念仏による極楽浄土信仰では極楽往生の彼岸救済はあるが、此岸救済はない。未来世界の設計図もない。それに対して、日蓮が説いた法華思想には此岸救済と未来設計図がある。そして、法華経の真髄を、当時の激動する時代における救済のビジョンと形に造形し、理論的にも実践的にも明確に示したのが田中智学の思想であり国柱会の活動であると賢治は実感した。そしてその田中智学の唱道する国柱会に賢治は入会し、生涯国柱会会員を辞めることはなかった。

熊楠仏教と賢治仏教に共通するのは、アニミズムやトーテミズムやシャーマニズムを内包しつつ曼陀羅として包摂し体系化する密教的な世界観であった。そしてそれが動植物や鉱物への共振的探針を伴った。よく知られている昭和六年（一九三一年）十一月三日、亡くなる二年前の賢治三十六歳の時の手帳に記された、賢治の「雨ニモマケズ」の詩篇の最後は法華曼陀羅の本尊が書き込まれていた。「南無妙法蓮華経」の題目を一字高く大きく真ん中に記し、そのすぐ

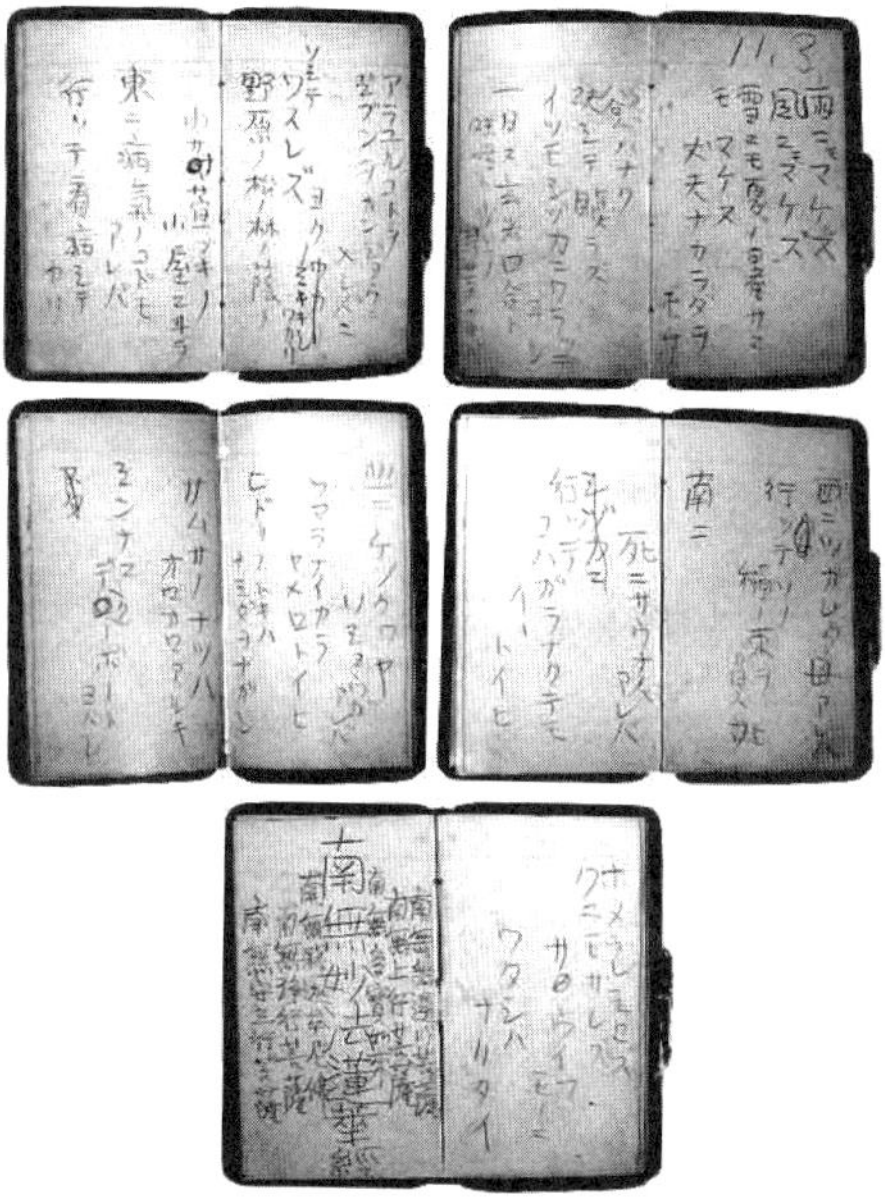

「雨ニモマケズ」手帳

右方と左方に多宝如来と釈迦牟尼仏を一字下げて記し、さらにその右方と左方に上行菩薩と無辺行菩薩、浄行菩薩と安立行菩薩の尊号を鉛筆書きで記した。

日蓮に始まるこの法華曼陀羅の中にすでに日蓮独自の神仏習合的な包摂的曼陀羅世界観が表出される。賢治はその曼陀羅思考の延長上にいる。

南無無辺行菩薩
南無上行菩薩
南無多宝如来
南無妙法蓮華経
南無釈迦牟尼仏
南無浄行菩薩
南無安立行菩薩（『新校本 宮澤賢治全集』第十三巻、五二五頁、筑摩書房）

法華経という奇想と希望

法華経という経典は数ある大乗経典の中でもとびきり奇想に満ち溢れた経典であり、どんでん返しの経典である。遠近法を破壊し、時系列を反転するようなアクロバティックな思考の構造を持っていて驚かされる。スリリングこの上ない。言葉は悪いが、修行者を騙し討ちするような数々の殺し文句の詰まった経典、それが法華経である。その殺し文句の一つが「方便」であり、また「地涌《じゆう》の菩薩」であり、「如来寿量」すなわち「久遠実成の本仏」であり、「念彼《ねんぴ》観音力《かんねんりき》」すなわち「三十三化身」などなどである。

法華経はこれらの概念ないし想像力を駆使して、世界の実相（真相）とそこへのアクセスの仕方を教える。ある意味では、密教はその上に具体的な方法（修法儀礼）を加えただけであるとも言える。思想の骨格としては、法華経の中に密教の全種子が詰まっていると言っても過言ではない。そのことをもっとも鋭く深く把握し、末法の世、武者の世となった鎌倉時代という大動乱期にあって、時代認識と予言的な読みと文脈を示し、題目という新しい方便実相を発明し、顕密二教を交えつつ実に巧妙に法華経世界図（未来図）を解き明かしたのが日蓮であった。

方便とは真実に至る道であり、門であり、手段である。法華経巻八第二十五「観世音菩薩普門品」にあるように、衆生済度（救済）には観音菩薩の「普門」が開かれている。つまり、すべて普《あまね》く門戸が開かれているというのである。これまで釈迦が説いてきた教えにも「八万四千の法門」があるが、それもまたみな方便によって真実に至る数々の門であり、入口である。

だが、実は真実は一つ、法華一乗なのだ。声聞・縁覚（独覚）・菩薩の三乗も究極には法華一乗に融合帰一する。そのことを証明するために、地涌の菩薩群が次から次へと湧出する。その経緯は次のようなものであった。

釈迦は滅後に法華経を弘める弘教者を要請した。すると多くの菩薩がその要請に応えたが、なぜか釈迦はそれを制止した。そのとき、過去に仏弟子であったという無数の地涌の菩薩群が次々と顕われてくる。釈迦を今生の人だと思い込んでいる弥勒菩薩を始め、仏弟子たちはみな疑問を抱く。すると釈迦は、これらの地涌の菩薩たちは過去世から教導してきた菩薩たちであると諭す。だがそのような都合のよい奇想天外で空想的に思える話を聞かされても信じることはできない。

そこで釈迦(世尊)は、「如来寿量品第十六」に至って、「諸《もろもろ》の善男子よ。汝等当《まさ》に如来の誠諦の語を信解すべし」と疑問を抱いている弥勒菩薩たちに真実を領解するよう促し、次のように解き明かす。

一切世間の天《てん》・人《にん》及び阿修羅《あしゆら》は、皆、今の釈迦牟尼仏《しやかむにぶつ》は、釈氏《しやくし》の宮を出でて、伽耶城《がやじよう》を去ること遠からず、道場に坐して、阿耨多羅三藐三菩提《あのくたらさんみやくさんぼだい》を得たりと謂《おも》えり。(中略)然るに善男子よ、われは実に成仏してより已来《このかた》、無量無辺百千万億那由他劫《なゆたこう》なり。(中略)然るに、今、実の滅度《ねはん》に非ざれども、しかも便ち唱えて『当に滅度を取るべし』という。

如来はこの方便をもって衆生を教化するなり。所以はいかん。若し仏、久しく世に住せば、薄徳の人は善根を種《う》えず。貧窮下賤《びんぐげせん》にして、五欲に貪著し、憶想の妄見の網の中に入ればなり。若し如来は常に在りて滅せずと見れば、便ち憍恣《おごりごころ》を起して、厭怠《おこたりごころ》を懐き、遭《あ》い難きの想と恭敬の心を生ずること能わざらん。（中略）

衆生を度《すく》わんがための故に　方便して涅槃を現わすも　しかも実には滅度せずして　常にここに住して法を説くなり。われは常にここに住すれども　諸の神通力をもって　顚倒《てんどう》の衆生をして　近しと雖もしかも見ざらしむ。衆《もろびと》はわが滅度を見て　広く舎利《しゃり》を供養し咸《ことごと》く皆、恋慕《れんぼ》を懐《いだ》いて　渇仰《かつごう》の心を生ず。衆生、既に信伏し　質直《すなお》にして意柔軟《こころなよらか》となり一心に仏を見たてまつらんと欲して　自ら身命《しんみょう》を惜まざれば　時にわれ及び衆僧《しゅそう》は　倶に霊鷲山《りょうじゅせん》に出ずるなり。われは時に衆生に語る　『常にここに在りて滅せざるも　方便力をもっての故に　滅・不滅ありと現わすなり。（『法華経』下巻、一二―三〇頁、岩波文庫）

つまり、王子ゴータマ・シッダルタとして生まれ、出家して苦行の末に覚りを開いて仏となったと思われているが、そうではなく、真実は遥か昔に覚者となっていたのだ。だが、あえて現在世で入滅をするのは、永遠に仏（如来）として存在しつづけていたらおまえたちが真剣に修行することを怠るようになるからだ。そこで、方便として入滅し涅槃に入る。しかし、不惜身命、恋慕渇仰の心で一心に仏を求め逢いたいと思うならば、衆僧と共に霊鷲山に出現するであろうと説くのである。

こうして、「如来神力品第二十一」では、地涌の菩薩たちが額ずいて、釈迦入滅後、法華経を受持し読誦し解説し書写する修行や供養をして、十方世界の国々で法華経の真理を伝えていくことを誓うと、釈迦は地涌の菩薩群のリーダーである上行菩薩など、諸菩薩に対して法華経の深甚の法であることを示し、法華経を行ずるところが道場となり、諸仏の浄土となることを示すのである。

賢治はこの地涌の菩薩たちの中でも、特に日蓮に目される上行菩薩を始めとして、浄行菩薩、無辺行菩薩、安立行菩薩の四菩薩を「雨ニモマケズ」手帳に書きつけ、自分もその系譜に連なる「如来使」であろうとおのれを励まし、痛みと悲しみに沈み込む揺れ動く弱い心を鼓吹《こすい》した。永遠の春(至福)と今現在の修羅(苦悩)、『春と修羅』の賢治は、その二つの位相の中で分裂し引き裂かれながら悪戦苦闘し、試行錯誤し、希望しつづけたのである。法華経はこのような『スター・ウォーズ』をしのぐスペースオペラのような壮大な物語を提示する。賢治はそのような物語世界をまっすぐに上昇飛行する。

こうして、空海-覚鑁系真言宗に依拠する熊楠と、日蓮-田中智学系法華主義に依拠する賢治は、ともに神秘仏教的な曼陀羅思考をフル展開していったのである。

第三章　一九一〇年の熊楠と賢治——ハレー彗星インパクトと変態心理学

一九一〇年五月二十二日・二十四日・二十五日の南方熊楠

明治四十三年（一九一〇年）五月二十二日の日記に南方熊楠は次のように記した。

◇五月二十二日［日］晴

朝十時頃起く。午後矢野平次郎氏を訪、牟婁新報社（前日毛利氏宅辺に徙《うつ》れり）を訪、野長瀬隼男氏あり（弟楠次郎知人也）、つれ帰り南方丁字蘚等見せ長遊び、五時頃に至り去る。夜片町え入湯に之、本町石友近処の金網屋にきく。豊女今朝より甚元気たしかなりしが今夜危しと。医者は絶望といふ。帰ておそく迄読書。ハレー彗星今夕より西へ見ゆ。昨夜迄東に見へし也。（『日記』第三巻、三六一頁）

牟婁新報社とは熊楠が親交を持ち、さまざまなエッセイや論考を寄稿していた新聞社で、社長は毛利清雅《せいが》・柴庵《さいあん》（一八七二―一九三八）であった。毛利清雅・柴庵は十三歳で、熊楠の墓所となった真言宗御室派の名刹高山寺（和歌山県田辺市）で得度し、高野山中学林を終え、高野山大学林（現在の高野山大学）を首席で卒業して同寺の住職となった真言僧である。「東京日々新聞」の社員も経験し、明治三十三年（一九〇〇年）に「牟婁新聞」（後の「牟婁新報」）の主宰者にして主筆として健筆を揮い、明治四十四年（一九一一年）からは和歌山県議会議員も務めた地元の有力知識人である。

この「牟婁新報」には、大逆事件で処刑された十二人中の幸徳秋水（一八七一—一九一一）・大石誠之助（一八六七—一九一一）・成石平四郎（一八八二—一九一一）・管野スガ（一八八七—一九一一）が寄稿しているほか、堺利彦（一八七一—一九三三）・荒畑寒村（一八八七—一九八一）など多くの社会主義者も寄稿した。当時としては、大変進歩的な地方紙であった。熊楠はこうした社会主義者に交じって「牟婁新報」の常連寄稿者だったが、社会主義者のような明確な政治信条を持って政治活動を行なうことはなかったので、彼らとは一線を画している。

熊楠はこの「牟婁新報」明治四十二年（一九〇九年）九月二十七日号に初めて寄稿するが、それが熊楠の神社合祀反対運動の始まりでもあった。その意味では、毛利清雅・柴庵は熊楠の神社合祀運動の同伴者であり同志的仲間でもあった。

ここで注意しておきたいのは、熊楠の日記にハレー彗星の記事が出ていることである。昨日の夜までは東の方に見えたが、今夕からは西の方に見えるとその移動を記している。続く五月二十四日と二十五日の日記には次のようにある。

◇五月二十四日［火］快晴

午下起く。四時頃より夜に入りおそく迄集義内外《ママ》書をみな読み抄し畢《おわ》る。夜片町へ之、入湯。ハレーの彗星仰で見る。甚うすし。殆ど弁ず可《べか》らず。（以下略）

◇五月二十五日［水］晴

朝類聚名物考抄す。午後二時頃より家を出、油岩を訪、高山寺に之、*Pleuridium subulatum* Rab. を求るに、前年は多かりしが、今度は二寸四方位の間に密生せるのみ、他に見ず。（此種標品先日おくり、今日岡村氏より名を示し来る。）

それより稲成村稲荷社に之、楠本氏方え去年借りし神社協会雑誌返す。神林中にて菌少々、蘚多少、苔少々とる。社領上の松林に遊ぶ。帰途楠本氏社頭にあるにあひ話す。石友により茶のみ、片町にて入湯、帰ればヒキ六予ヰモリ取り帰るとてまち居しが寝たる所なり。飯後目良氏を訪、ヤウラクランをおくる。又今日所採ィフヰスチュリナ・ヘパチカ菌示す。

朝ヒキ六、波をナミダ、錠をジョウルリといふ。此夜類聚名物考巻二九一を抄するに、涙を波に云し例とて云く、詞花集、祐挙、むねは不二袖は清見が関なれや烟も波も立ぬ日ぞなき。新古今、定家、松山と契りし人はつれなくて袖こす波に残る月影。

今夜ハレー彗星西天に高く見ゆ。但し月夜故甚うすし。（『日記』第三巻、三六二頁）

二十四日の夜はハレー彗星を仰ぎ見たが、色合いも薄くてほとんどよく見えなかった。翌二十五日の午後には、熊楠は家を出て高山寺に寄り、その後稲荷社に寄って宮司の楠本氏に前の年に借りていた「神社協会雑誌」を返して、菌などを採集したあと、銭湯に入ってから帰宅し、夜は『類聚名物考』を抜き書きした。この夜、ハレー彗星は西天に高く見えたと書き残している。ただし、この日は月夜だったためにその光により、彗星の姿と色合いは薄かったとある。

このように五月二十日から二十五日までの間の日記に三回もハレー彗星についての記録が残っている。

一九一〇年六月〜八月の南方熊楠と柳田國男

実は、この明治四十三年（一九一〇年）五月十八日から十九日にかけて、地球にハレー彗星が最接近した。その時、世界中で地球滅亡が噂され、パニックとも珍現象とも言える動きが起こっていた。

そして、熊楠がハレー彗星がうっすらと西天高く見えたと書いた五月二十五日には、日本国中を揺るがすことになる大逆事件が起こり、幸徳秋水らが明治天皇暗殺計画を立てたという容疑で検挙された。このことが新聞紙上で号外などの報道となったのは六月三日であったが、その翌日の六月四日の日記に熊楠はこう書き留めている。

◇六月四日〔土〕
昨夜全く不眠に付き午下迄臥す。それより菌標品整理す。又人類学会への論文認む。片町に之、入湯。紺治老人にあふ。話しに、一昨《ママ》朝四時頃警官多く裁判所に集り、判官と共に牟婁新報社を取囲み、毛利氏の書類を捜索し持去る。これは東京にて社会党輩破裂弾を作りしによるとのこと。帰りて後鶏鳴迄人類学会への論文書く。（『日記』第三巻、三六六頁）

熊楠は牟婁新報社が家宅捜査され、毛利柴庵の記事などが官憲に持ち去られたことを銭湯で紺治老人から聞いた。そして、帰宅後、東京人類学会に寄稿する論文「山神オコゼ魚を好むといふこと」を明け方まで集中して書き継いだ。六月二十九日の日記にも、「毛利氏朝十時過より夕五時迄家宅捜査を受け、職工等一切身体を裸にして検査の由。警官の話には成石蛙聖《あせい》に関することとなり」と記されている。ここに出て来る成石蛙聖とは大逆事件で死刑となった成石平四郎のことである。このとき、主犯と目された幸徳秋水の他、新宮の医師の大石誠之助や田辺の成石平四郎ら十二人が死刑となるが、死刑となった管野スガと元夫であった荒畑寒村は「牟婁新報」の記者として働いていたことがあった。加えて、幸徳秋水、堺利彦、大石誠之助たちが「牟婁新報」にたびたび寄稿していたので、牟婁新報社は社会主義を唱える危険な地方新聞社として二度の家宅捜査を受けることとなったのである。

まさにこのような天地動乱の時期に、熊楠とは未だ面識のなかった柳田國男は立て続けに『石神問答』と『遠野物語』を自費出版したのであった。そして、翌明治四十四年（一九一一年）二月に『東京人類学雑誌』二六巻二九九号に掲載した熊楠の論文「山神オコゼ魚を好むといふこと」を読み、同テーマに関心を持っていた柳田國男は同年三月に初めて熊楠に宛てて手紙を書き、その後信じがたいほど頻繁に書簡がやり取りされることになったことはよく知られている。

この明治四十三年八月二十一日に、神社合祀反対運動の論陣を張っていた熊楠は和歌山県の官吏田村和夫に暴行したとの廉《かど》で翌二十二日から十七日間留置場にぶち込まれたのだが、「入監中の手記」の八月二十七日の項には、毛利柴庵らからこの年の五月に刊行された『石神問答』が差し入れられ、翌二十八日には読了したことが記されている。これが南方熊楠が柳田國男を知るきっかけだった。

一九一〇年と石川啄木「時代閉塞の現状」

明治四十三年（一九一〇年）八―九月は、宮沢賢治にとっては十三歳の終わるころ、盛岡中学校の二年生で、短歌を作り始める直前だった。ちょうどその頃、宮沢賢治にとって盛岡中学校の十年ほど先輩にあたる二十四歳の石川啄木（一八八六―一九一二）は没後公表されることになる評論「時代閉塞の現状」を書いていた。

時代閉塞の現状はただにそれら個々の問題に止まらないのである。今日我々の父兄は、だいたいにおいて一般学生の気風が着実になったといって喜んでいる。しかもその着実とはたんに今日の学生のすべてがその在学時代から奉職口の心配をしなければならなくなったということではないか。そうしてそう着実になっているにかかわらず、毎年何百という官私大学卒業生が、その半分は職を得かねて下宿屋にごろごろしているではないか。しかも彼らはまだまだ幸福なほうである。前にもいったごとく、彼らに何十倍、何百倍する多数の青年は、その教育を享《う》ける権利を中途半端で奪われてしまうではないか。中途半端の教育はその人の一生を中途半端にする。彼らはじつにその生涯の勤勉努力をもってしてもなおかつ三十円以上の月給を取ることが許されないのである。むろん彼らはそれに満足するはずがない。かくて日本には今「遊民」という不思議な階級が漸次その数を増しつつある。今やどんな僻村《へきそん》へ行っても三人か五人の中学卒業者がいる。そうして彼らの事業は、じつに、父兄の財産を食い減すこととむだ話をすることだけである。（『石川啄木全集』第

四巻、二六八頁、筑摩書房）

この明治四十三年（一九一〇年）八月に書き上げた評論「時代閉塞の現状」は、生前発表されることはなく、没後の遺稿集に収められた。この評論には「強権、純粋自然主義の最後および明日の考察」という副題が付けられていて、それが論点を明確に示している。啄木からすれば、このときすでに自然主義は死に体となっていた。が、日清・日露戦争に勝利した日本帝国は大逆事件を鎮圧し、韓国を併合して植民地支配を進め、国家の強権をむき出しにしていく。熊楠はそのような国家の強権が神社合祀という形を取って地域の生態と文化を切り崩していくことに危機感を抱き、猛烈な神社合祀反対運動を繰り広げつつあった。

そのようなときに、啄木は日清戦争後に展開した高山樗牛《ちょぎゅう》の個人主義、綱島梁川などの宗教的欲求と実験、そして純粋自然主義という三つのステージがそれぞれに行き詰まり、失敗したことを鋭く指摘し、この「時代閉塞の現状」という「今日」の状況認識を踏まえて「明日の考察」をしなければならないと激しく訴えたのである。

そうしてまた我々の一部は、「未来」を奪われたる現状に対して、不思議なる方法によってその敬意と服従とを表している。元禄時代に対する回顧がそれである。見よ、彼らの亡国的感情が、その祖先が一度遭遇した時代閉塞の状態に対する同感と思慕とによって、いかに遺憾なくその美しさを発揮しているかを。

かくて今や我々青年は、この自滅の状態から脱出するために、ついにその「敵」の存在を意識しなければならぬ時期に到達しているのである。それは我々の希望やないしその他の理由によるのではない、じつに必至である。我々はいっせいに起《た》ってまずこの時代閉塞の現状に宣戦しなければならぬ。自然主義を捨て、盲目的反抗と元禄の回顧とを罷《や》めて全精神を明日の考察――我々自身の時代に対する組織的考察に傾注しなければならぬのである。

明日の考察！　これじつに我々が今日においてなすべき唯一である、そうしてまたすべてである。（中略）

すなわち我々の理想はもはや「善」や「美」に対する空想であるわけはない。いっさいの空想を峻拒して、そこに残るただ一つの真実――「必要」！　これじつに我々が未来に向って求むべきいっさいである。我々は今最も厳密に、大胆に、自由に「今日」を研究して、そこに我々自身にとっての「明日」の必要を発見しなければならぬ。必要は最も確実なる理想である。

じつは、若く貧しき詩人の石川啄木が故郷を追われた預言者のように激烈に告げた「明日の考察」や「明日の必要」にかかわるさまざまな試みは、この明治四十三年（一九一〇年）に一挙に噴出していた。この年の時系列にしたがって関連する主要な出来事を列記してみる。


二月十日以降、東京帝国大学文学部心理学助教授・福来友吉が透視実験を始める。

四月一日、柳宗悦、武者小路実篤や志賀直哉らとともに「白樺」派を旗揚げする。

四月二十五日に東京帝国大学内で、同年二月に熊本で行った「千里眼」の持ち主・御船千鶴子の透視実験の報告をし、話題を呼ぶ。

五月十九日、ハレー彗星が最接近。

五月二十五日、大逆事件が起こり、検挙が始まり、六月一日、幸徳秋水らが明治天皇暗殺計画の容疑で逮捕される。

六月十四日、柳田國男が『遠野物語』を自費出版する。

八月二十一日、南方熊楠が神社合祀反対運動により逮捕される。

八月二十二日、韓国併合条約が締結される。

八月二十四日、夏目漱石、伊豆の修禅寺で大喀血《かっけつ》、大病を患う。喀血前後にウィリアム・ジェームズの遺著となる『多元的宇宙』を読破。

八月二十六日、アメリカの心理学者ウィリアム・ジェームズ死去（享年六十八）。

八月三十一日、学習院の教師であった西田幾多郎が助教授に就任し、倫理学を担当する。

九月一日と十月一日、学習院高等部で西田幾多郎や鈴木大拙の教え子であった柳宗悦が『白樺』第一巻六号・七号に心霊科学研究の論文「新しき科学」を発表する。

同月、東京帝国大学で、御船千鶴子による福来友吉の透視実験が行われる。

同時期に、高橋五郎『心霊万能論』、ブラヴァツキー『霊智学解説』E・S・スティヴンソン・宇高兵作共訳、スウェーデンボルグ『天界と地獄』鈴木大拙訳、など、心霊研究書の出版が目白押しとなる。

十一月二十日、ロシアの文豪レフ・トルストイ死去（享年八十二）

十二月、柳田國男『時代ト農政』を出版する。この頃、柳田國男は、新渡戸稲造、牧口常三郎らとともに「郷土会」を発足させる。

明治四十四年（一九一一年）一月十八日、大審院が幸徳秋水ら二十四人に死刑判決を下す。

一月二十四日、幸徳秋水ら十一人を死刑執行する。

一月二十五日、管野スガ、死刑執行。

一月三十一日、西田幾多郎の『善の研究』が出版される。

同月、福来友吉の透視実験を詐欺呼ばわりされ、御船千鶴子は服毒自殺し、「念写」実験の協力者の長尾郁子も病死し、大正二年（一九一三年）、福来友吉は東京帝国大学助教授を休職（辞職）することになる。

石川啄木が「時代閉塞の現状」と呼ぶ状況の中で、このように、それぞれの「明日の考察」と「明日の必要」が模索されていた。中でも、心の深層的なはたらきに関心を向ける「変態心理学 abnormal psychology」の探究と自然の深層的なはたらきにまなざしを向ける「生態学 ecology」的な知に基づく神社合祀反対運動と、文化の基層に滞留する「民間伝承 folklore」を掘り起こそうとする民俗学的探究は、「時代閉塞の現状」を打ち破る三つの突破口であり、南方熊楠と柳田國男と宮沢賢治はそれぞれの関心と動機にしたがってその方向に突き進んでいった先端思想家である。もちろんこのとき宮沢賢治は十三歳の中学二年生であったので、この段階で当事者的な活動に身を投じてはいなかったが、およそ十年後にはその渦の中に果敢にダイビングしていくことになる。

柳田國男の試み

大逆事件からほぼ二週間後の六月十四日、柳田國男は『遠野物語』をわずか三五〇部、聚精堂より自費出版した。そのほぼ一ヶ月前の五月二十日には柳田國男は『石神問答』を同じ出版元の聚精堂から自費出版している。この『石神問答』は、シャグジ信仰や猿田彦・庚申信仰や十三塚信仰について、山中笑や喜田貞吉や白鳥庫吉《しらとりくらきち》や佐々木喜善らと交わした往復書簡形式の研究記録で、この頃、柳田國男が民間伝承や民間信仰の基層にある現象を深い関心と注意深さを持って探求しつつあることがよく見えてくる。

大逆事件は、幸徳秋水らが「大逆罪」として逮捕され処刑された事件である。大逆罪は、「天皇三后皇太子ニ対シ危害ヲ加ヘ又ハ加ヘントシタル者ハ死刑ニ処ス」という明治十五年（一八八二年）に施行された旧刑法一一六条と、大日本帝国憲法が制定されたあとの明治四十一年（一九〇八年）に施行された刑法七三条「天皇、太皇太后、皇太后、皇后、皇太子又ハ皇太孫ニ対シ危害ヲ加ヘ又ハ加ヘントシタル者ハ死刑ニ処ス」に基づいて適用される。

この大逆罪が適用される事件が『石神問答』刊行直後の五月二十五日に起こった。明治天皇を暗殺する計画が発覚して、宮下太吉、新村忠雄、古河力作ら四人が逮捕された。宮下は長野県の官立明科《あかしな》製材所で明治天皇を暗殺するための爆弾を試作したという。つづいて六月一日、神奈川県湯河原で首謀者と目された幸徳秋水と内縁の妻の管野スガが逮捕され、翌明治四十四年（一九一一年）一月十八日には、幸徳秋水ら二十四名が大審院で死刑の判決を受け、同月二十四日に幸徳秋水、宮下太吉ら十一名が処刑された。柳田國男の『遠野物語』はこの大逆事件の真っ最中に刊行されている。

柳田國男の義父柳田直平は明治三十七年（一九〇四年）まで大審院判事を務めた高等司法官であった。松岡國男（後の柳田國男）は明治三十四年（一九〇一年）に柳田家の養子となり、明治三十七年（一九〇四年）四月、柳田直平・琴子の四女の孝（当時十七歳）と結婚した。柳田國男は明治三十三年（一九〇〇年）に東京帝国大学法科大学を卒業し、農商務省農務局農政課に勤め始め、同年より早稲田大学において「農政学」の講義を担当、明治三十五年（一九〇二年）には同省法制局参事官となり、明治四十一年（一九〇八年）には宮内書記官を兼任、大逆事件の起こった明治四十三年（一九一〇年）六月には内閣書記官記録課長に昇任している。また同年八月二十二日には韓国併合条約が締結されている。したがって、大逆事件の詳細を知る立場にいたと考えられる。

だが、大逆事件や韓国併合に対する柳田國男の立ち位置は微妙である。農政官僚として出発した柳田にとって、農山村の困窮と危機を知れば知るほど、そこに貧困の中にある民衆自身による社会変革の思想としての社会主義思想が浸透していくのを理解できたであろう。柳田は『遠野物語』出版に相前後して、本務の仕事の『農業政策』を出版している。そこで柳田は市場経済の動向や消費組合について論じている。柳田は「中農養成」が持論で、小農の経営規模を拡大し自立経営をはかるという立場であった。柳田の思案は、社会主義ではないところから、地方や農山村をいかにして賦活していくことができるかという点にあった。そのような柳田にとっては、新渡戸稲造の提唱する「地方学《じかたがく》」や「郷土研究」こそ明日につながる新しい動向であり「必要」だったのだろう。この段階ではいまだ「民俗学」という名称も学問分野も明確に姿を現わしてはいない。

柳田は『遠野物語』の序文で、「思うにこの類の書物は少なくも現代の流行にあらず。いかに印刷が容易なればとてこんな本を出版し自己の狭隘なる趣味をもって他人に強いんとするは無作法の仕業なりという人あらん」と述べている。前年の明治四十二年（一九〇九年）五月に私家版で出した『後狩詞記《のちのかりことばのき》』や、この年続けざまに出した『石神問答』や『遠野物語』などの「類の書物」が、「現代の流行」ではなく、「自己の狭隘なる趣味」のようなものであり、それを出版するのは「無作法の仕業」と世間一般の人に思われるかもしれないことを了解していた。

だが柳田は、『今昔物語』や『宇治拾遺物語』などに比して、この『遠野物語』に採録した「物語」群が「目前の出来事」であり、「現在の事実」であることを強調することで、過去の物語集と一線を画す。柳田は「国内の山村にして遠野よりさらに物深き所にはまた無数の山神山人の伝説あるべし」と、日本の「物深き所」に秘められた伝承の森に思いを馳せる。そして、「願わくは之を語りて平地人をして戦慄せしめよ」と、この伝承と語りの力によって「平地人を戦慄」せしめることを企図した。柳田は献辞として、冒頭に「この書を外国に在る人々に呈す」と記しているが、「外国に在る人々」と「平地人」とは同じ文明の地平に立つ者と認識されていたのであろう。その「外国に在る人々」や「平地人」とそれを支える文明の体系に対して、柳田は「遠野」という「物深き所」からの「物語」の飛礫《つぶて》を投げつけた。そこに石川啄木のような「時代閉塞の現状」を直截に憂え、「明日の考察」や「明日の必要」をダイレクトに希求する青年とは異なる「高級官僚」柳田國男のアンビバレンツを見る。

一九一〇年問題――ハレー彗星インパクト

この年の五月十八―十九日、ハレー彗星が地球に最接近した。ヨーロッパでは五月十八日に、日本では五月十九日にもっとも近づくことになった。それによって世界中に大騒動が巻き起こった。ヨーロッパでは終末論的な破局がやってくるとまことしやかに語られ、日本では、彗星到来時には清浄な酸素を吸収することができないので、洗面器に水を張って長く息を止める練習をする人のことなどが報道された。有毒ガスを含んだ尾が地球を包み、生物は全滅すると噂され、パニックが起こったのである。尾に含まれた大量の水素が地球上で大爆発を起こすと信じられ、欧米では地下室に籠ったり、郊外に逃げ出す人が続出し、岐阜県では自殺者まで出た。

五月十九日付の「東京日日新聞」には、「支那では爆竹で彗星を驚かして退散せしめるという奇抜な呪《まじない》があるようだが、米国ではハレー彗星が地球と衝突した場合、その厄を逃るるには、地中に潜っているが一番安全だといって、五六日前から穴居を始めた人があるそうだ。また、日本にも二三日前のこと、日向国延岡町の渡辺某妻は、十九日ハレー彗星が地球と衝突すると下界の人間は皆打殺されるという例の風説を信じて、逆上のあまり卒倒して遂に彼の世の人となった」との記事が掲載されている。

また、「東京朝日新聞」では、ハレー彗星が接近してくるほぼ一ヶ月前の四月二十三日からほぼ毎日のようにこの「千載一遇の大事件」であるハレー彗星についての特集記事が掲載されていて、その中に次のような一節がある。

仏国のフレンマリオン博士其他《そのた》の説に依れば、此尾が地球を包む結果として地球の人類に大なる危害を及ぼす虞《おそれ》があると云ふことだ。果して然らば、今から二十幾日後の現象を考へると、実に恐怖と震駭《しんがい》に堪へない次第で、これこそ誠に人生に取つて非常の一大事件と云はねばならぬ。（中略）

（フレンマリオン博士の）其言説とは、「ハリー彗星が太陽面を通過する時に地球と彼との距離は千五百万里を越えない。然るに、其尾の長さは二千万里、乃至三千五百万里の筈であるから、之に依つて我地球が包まるゝことは、勢ひの免れ難い所である」と云ふのだ。

（中略）

フ博士（フレンマリオン博士）は更に進んで、「此尾の中に含まるゝ水素が地球の空気の中に存在する酸素と化合すれば、人類は皆窒息して死滅するであらう。若し又、此反対に、空中の窒素が減ずる場合には、人類は勢ひ無我夢中に狂喜して踊つたり跳ねたりして、遂には矢張り死滅せねばならぬ筈だ」と述べた。

この記事に出てくる「フレンマリオン博士」とは、ニコラ・カミーユ・フラマリオン（Flammarion, Nicolas Camille, 一八四二—一九二五）のことである。フラマリオンは、フランス天文学会を創設して初代会長に就任したほどの著名な天文学者で、火星の観測から火星には海と運河があり、地球人よりも進んだ火星人が住んでいると主張した人物でもある。そのフレンマリオン博士がハレー彗星到来による人類滅亡説を主張したのだから、多大な影響がないわけがない。

ハレー彗星は七十六年周期で地球に接近する。明治四十三年（一九一〇年）の前は天保五年（一八三四年）である。後に天保の改革を進めることになる水野忠邦が老中に就任した年であった。前年の天保四年（一八三三年）から天保十年（一八三九年）までの六年間、「天保の飢饉」と呼ばれる大飢饉が日本列島を襲ったこともあり、水野忠邦が老中職に就任して天保の改革に乗り出したのであった。天保七年（一八三六年）には、ロシア船が漂流民を護送して択捉《えとろふ》島に来航し、翌年には、陽明学者・大塩平八郎や国学者・生田万《いくたよろず》の乱が起こり、マカオで保護されていた音吉ら漂流漁民を乗せたアメリカの商船モリソン号が鹿児島湾と浦賀沖に現われ、異国船打払令に基づいて薩摩藩と浦賀奉行が砲撃を行なうモリソン号事件が起こっている。翌天保九年(一九三八年)には、水戸藩主徳川斉昭が内憂外患の状況についての意見書を起筆し、尊王攘夷運動など幕末の動乱に向かって事態が進行していった。そのような状況の中でのハレー彗星の到来である。これがわが国・日本の危機の予兆と結びつけられることはあったとしても、地球史的な規模での危機意識に至ることはなかった。日本は鎖国状態の国であり、正確な世界の状況把握が不十分だったからである。

しかし、明治四十三年(一九一〇年)のハレー彗星の到来時は違う。十九世紀以来の西欧諸国による植民地支配、通信・交通網の整備、新聞雑誌等の大衆メディアの隆盛によって、ハレー彗星到来問題は全地球的な問題となった。この時、地球という惑星全体が破局を迎えるかもしれないという認識がリアリティを持ち始めたといえる。

ハレー彗星の影響によって何が起こるのか、当時の科学技術の精度では正確な予測ができなかったこともあり、さまざまな流言が飛び交うことになったが、しかしながら、地球と生命の危機が強く意識せられ、世界同時性=地球的同時性が認識され始めたことには注目すべきであろう。そこで、この一九一〇年という年を、世界史のターニングポイントの年であったと言うことができる。その理由は、ハレー彗星の到来により、地球上に初めて世界同時性についてのリアルな意識と地球史的危機意識が芽生え始めた年であると言えるからである。この年のこの騒動と変化を、「ハレー彗星インパクト」もしくは「一九一〇年問題」と呼んでおきたい。

保阪嘉内とハレー彗星

盛岡高等農林時代の宮沢賢治の親友として知られる保阪嘉内は、このハレー彗星を甲府中学の寮があった甲府城付近から見て、「『まるで夜行列車のようだ』と心を躍らせた」という（二〇一〇年五月二十四日付「朝日新聞」記事）。このとき十三歳の保阪嘉内はハレー彗星の飛来の様子をスケッチに描いている。それは、南アルプスの薬師岳、観音岳、地蔵岳の三つのピークをオレンジ色の筋を引きながら飛び越えて甲斐駒ケ岳の山頂の上空に至ろうとする瞬間を描写している、美しくも雄大な光景である。

「ハーリー彗星之図　五・廿夕八刻」とスケッチ画の中に記されているので、一九一〇年五月二十日に描かれたものと推定できる。この「ハーリー彗星」の到来が甲府の十三歳の少年の心に大きな印象を与え、のちに盛岡高等農林に進学して宮沢賢治と出逢ったとき、同年齢の宮沢賢治にこの図を見せてハレー彗星の体験の神秘を熱っぽく語ったことは間違いない。この時の強い印象が種の一つとなって宮沢賢治の『銀河鉄道の夜』が構想されていったのである。

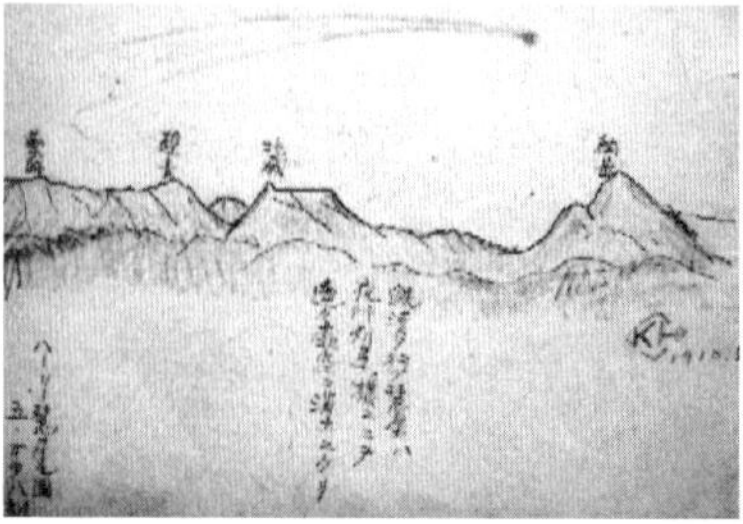

保阪嘉内が描いたハレー彗星の図

盛岡高等農林時代の保阪嘉内（左上）・宮沢賢治（右上）小菅健吉（左下）・河本義行（右下）

保阪嘉内はそのスケッチの中に、「銀漢ヲ行ク彗星ハ夜行列車ノ様ニニテ　遥カ虚空ニ消エニケリ」と書き入れた。まるで『銀河鉄道の夜』のイメージそのものである。後年、宮沢賢治はこの保阪嘉内のハレー彗星のイメージを『銀河鉄道の夜』に取り込み、哀切なジョバンニとカムパネルラの物語に変奏させたのだ。

一九一〇年の福来友吉と柳宗悦

一九一〇という年には、「白樺」派の旗揚げ、鈴木大拙によるスウェーデンボルグ『天界と地獄』の翻訳、東京帝国大学心理学助教授の福来友吉《ふくらいともきち》による透視や念写の超能力実験が行われ、「閉塞」状況の内面突破とでもいうべき動きが起こっていた。それは百年前の〝スピリチュアル・ブーム〟であった。そのような中で、同年に京都帝国大学助教授に転任した西田幾多郎は翌年一月に『善の研究』を出版した。それは「純粋意識」の考察を通して「時代閉塞」の内面突破をはかった試みであったとも言える。

ここに共通しているのは、特異な心理学的課題であった。福来友吉はそれを透視実験として試みたが、その実験が詐欺だと批判され、「千里眼事件」がきっかけとなって後年東京帝国大学心理学科を追われることになる。そもそも心を対象として起こってきた経験科学が「心理学（Psychology）」であったが、日本では明治初年に「心理学」の訳語が作られ、その後、明治二十年代（一八八〇年代から九〇年代）に本格的に「心理学」が導入され、東京帝国大学文科大学で初代心理学の教授が誕生し、正式に大学の授業科目となり、専攻課程となっていく。

その東京帝国大学文科大学の初代心理学教授が元良勇次郎（一八五八―一九一二）であった。そして、その後継者と目された弟子が松本亦太郎（一八六五―一九四三）と福来友吉（一八六九―一九五二）である。松本亦太郎は京都帝国大学教授から、元良勇次郎の後を継いで東京帝国大学の二代目の心理学教授となり、日本心理学会が設立された際、初代会長となった。大学の講座としては、京都帝国大学に初めて心理学講座ができ、松本亦太郎が初代の心理学教授に就任した。

福来友吉は、一八六九年（明治二年）に飛驒高山に生まれ、一八九六年（明治二十九年）に東京帝国大学哲学科に入学、卒業後、大学院に進み、元良勇次郎の下で心理学を学び、変態心理学や催眠現象の研究に取り組んだ。一九〇六年（明治三十九年）、『催眠の心理学的研究』で文学博士号を授与され、一九〇八年（明治四十一年）に同大学助教授に就任し、元良の後継者と期待されるが、当時注目を浴びていた「千里眼」の実証的研究に取り組もうとして、猛烈な反発を受けて辞職。しかしその後も念写などの研究を続け、一九一九年（大正八年）には高野山で密教を修行し、一九二六年（大正十五年）から一九四〇年（昭和十五年）まで高野山大学教授を務めている。その間に、財団法人大日本心霊研究所の所長も務め、一九二八年（昭和三年）にはロンドンで行なわれた国際心霊学大会に日本から浅野和三郎と共に参加し、念写の研究を発表した。

福来は、「千里眼」を仏教の「根本識」すなわちアーラヤ識と結びつけ、「識原」と位置づけていた。また、福来は「千里眼」を得るためには「無我」にならなければ達成できないと指摘している。福来は「精神上の事実が物理学的方法で、最も確実に研究出来るのであると思って非常なる希望を抱いて夫《そ》れに手を着けた」が、結果は「斯《か》かる研究は精神の極めて皮相なる部分に触れる丈《だけ》のもので、道徳や宗教や芸術の如き重要なる精神問題と没交渉であると感じた」と述べている。

福来はその後ウィリアム・ジェームズの心理学の著作を熟読し、精神現象にはそれぞれ「固有の研究法」があるのではないかと考えるようになり、「精神現象固有の研究法によりて出来たる心理学は科学者の定義する科学にならぬであらうけれども、それは精神其物の本性より生ずる結果で、已むを得ざることである」という認識に至り、さらに「超個人的なる精神原理の存在」に行き当たる。今日に言うトランスパーソナル心理学の問題に直面し、そこからさらに深く「心霊現象を研究する」道に突入していったのである。そして一九三二年（昭和七年）、『心霊と神秘世界』（心交社）を刊行する。こうして福来は、心霊研究から神通力→念力→霊の存在とその活動の認識に至り、菩提智、慈悲心、神通力を「仏の三大本性」として「仏教型の神秘主義」の内奥に迫り、福来霊学を探究し続けたのである。

一九一〇年、この福来友吉の下で「変態心理学」を学ぼうとして東京帝国大学文学部心理学科に入学してきたのが、柳宗悦であった。柳は、『白樺』第一巻第九号（明治四十三年十二月一日発行）の「編輯室にて」の中でのウィリアム・ジェームズの死と福来友吉について次のように記している。

大学の心理教室に行た始めての時間自分は友達が無いのでペンを持ち乍《なが》らボンヤリとして先生の来るのを待つてゐた、丁度黒板の左に掲つてゐるヴントの写真を眺めて居ると、突然「君ジエームスが死にましたね」と隣りの人に話しかけてる人がある、自分はドキッとした、其後に続いた会話はよく覚えて居ないが何でも要するにジエームスが死んだと云ふのである。プラグマチズムを発表し「多元的宇宙」を著はし今や此大なる心理学者が円熟し来《きた》つた思想を以て組織的人生観を見る日の目のあたりに近《ちかづ》いて居るのに、運命は彼を死の国に拉し去つたと云ふのである、思想に飢えたる自分には「晩年のジエームスが事業」と云ふ事が宛《あた》らロミオがジユリエットに逢ふ折の心の如く期待されて居たのである。自分はペンを持つて「ハーヴアートのジエームスが死んだ⁉　うそだ〳〵、信じられない事だ！」と書いた、かくて自分の福来博士変態心理学の筆記の第一頁は此文字を以て始まつてゐる。心理学教室でジエームスの訃音に接しヴントの顔を眺めてた時彼の死を聞き、心理学を始めて学ばんとする時、近世の心理学を生んだジエームスの逝去を耳にした事は自分にとツては偶然としては奇異なる経験である、ヴントは今や年老いて彼が声は不明にさえなつたと云ふ、自分は今ジエームスを失ひたる此世に於て、世の人と共に此老いたる大哲学者の健康を切に祈りたいと思ふ。（柳）（『柳宗悦全集』第二十巻、九―一〇頁、筑摩書房、一九八二年）

柳は楽しみにしていた福来友吉の授業を受けるために心理学教室に行った。だが、その初めての授業の前に、ウィリアム・ジェームズが死んだという受講生の話を耳にして愕然とした。一九一〇年九月のことであった。その頃、柳は、『白樺』に「新しき科学」と題する論考を発表している。その中で、柳は「三つの科学」の区別をした。「人間とは何か」を問う生物学における人性の研究、「物質とは何か」を問う物理学における電気物質論、「心霊とは何か」を問う変体心理学――変態心理学とも表記する――における心霊現象の攻究、の三つであった。このとき柳は、間違いなく、新しい時代の「新しき科学」の最前線を「変体心理学における心霊現象の攻究」に見ていたのである。宮沢賢治はこの福来友吉や柳宗悦や白樺派の影響を強く受けていた。

宮沢賢治の心理学

賢治は、一九二五年（大正十四年）の書簡に、「前に私の自費で出した『春と修羅』も、亦《また》それからあと只今まで書き付けてあるものも、これらはみんな到底詩ではありません。私がこれから、何とかして完成したいと思って居ります、或る心理学的な仕事の支度に、正統な勉強の許されない間、境遇の許す限り、機会のある度毎に、いろいろな条件の下で書き取って置く、ほんの粗硬な心象のスケッチでしかありません」と書き送ったが、この「或る心理学的な仕事」とは、透視やテレパシーなどの、いわゆる超心理学的な現象の解明と開発の仕事であった（『新校本 宮澤賢治全集』第十五巻、二二二頁、筑摩書房）。

賢治の『銀河鉄道の夜』の第三次稿に出てくる「ブルカニロ博士」は主人公のジョバンニに

テレパシー実験を試みている。だが、この実験は第四次稿ではすべて削除された。第三次稿で、ブルカニロ博士はジョバンニに次のように語っている。

ありがたう。私は大へんいゝ実験をした。私はこんなしづかな場所で遠くから私の考《かんがえ》を人に伝へる実験をしたいとさつき考へてゐた。お前の云つた語はみんな私の手帳にとつてある。さあ帰つておやすみ。お前は夢の中で決心したとほりまつすぐに進んで行くがいゝ。そしてこれから何でもいつでも私のとこへ相談においでなさい。(『新校本 宮澤賢治全集』第十巻、一七六頁、筑摩書房)

第一章で述べたように、『春と修羅』で言う「第四次延長」とブルカニロ博士が言う「実験」とは密接につながっている。それは時空を連結するテレパシックな認知のありようであった。博士の「実験」は「遠くから私の考を人に伝へる実験」で、それはまさしくテレパシーの実験そのものであった。賢治はこのような「実験」を含む「或る心理学的な仕事」の実行を構想していた。

賢治は、元良勇次郎の『心理学概論』や、福来友吉の影響を受けている。福来は賢治の妹のとし子の学んでいた日本女子大学で教鞭をとっていたので、賢治はとし子を通して福来の研究に触れていたのだ。賢治の言う「歴史や宗教の位置を全く変換」するとは、福来の探究した「超個人的なる精神原理」ともつながる「第四次延長」という意識の高次元の認知のありようを指している。

大正十五年（一九二六年）、宮沢賢治は花巻農学校教諭を辞職して、羅須地人協会を設立し、『農民芸術概論綱要』を書き上げた。その中で、賢治は「意識」ないし「無意識」という語を用いてその進化（深化）と開放を説いている。

自我の意識は個人から集団社会宇宙と次第に進化する
この方向は古い聖者の踏みまた教へた道ではないか
新たな時代は世界が一の意識になり生物となる方向にある
正しく強く生きるとは銀河系を自らの中に意識してこれに応じて行くことである（「序論」）

農民芸術とは宇宙感情の　地　人　個性と通ずる具体的なる表現である
そは直感と情緒との内体験を素材としたる無意識或は有意の創造である（「農民芸術の本質」）

感受の後に模倣理想化冷く鋭き解析と熱あり力ある綜合と
諸作無意識中に潜入するほど美的の深と創造力はかはる
機により興会し胚胎すれば製作心象中にあり
練意了《おわ》って表現し　定案成れば完成せらる
無意識即から溢れるものでなければ多く無力か詐偽である（『新校本 宮澤賢治全集』第十三巻、九頁、筑摩書房）

賢治によれば、「意識」は「宇宙」に向かって伸びてゆき、そして「宇宙感情」は「直感」や「無意識」に宿る。ここでは、「農民芸術」が「無意識」の底に深く潜り込み、その扉を開け、その力とイメージを開放する「創造」のわざであることが提唱されている。宮沢賢治は「心」のはたらきを、「超個人的なる精神原理」に基づく「心象スケッチ」や「無意識」の「第四次延長」として捉えていた。それは、躍動する深層的想像力であり、単なる個人的無意識や主体性を越える「心の深部」において万人に共通するかたち、共主体性であった。

賢治は、そもそも「わたくしといふ現象」を「あらゆる透明な幽霊の複合体」（『春と修羅』序）と捉えていた。「幽霊の複合体」の「心」があらゆるレベルにまたがり複合心を成していると考えていたのだ。その複合心のはたらきと現われが「心象スケッチ」や「第四次延長」となる。賢治が熱望し挑もうとしていたこの「或る心理学的な仕事」とは、同時代の井上円了や南方熊楠や福来友吉や柳宗悦や夏目漱石が関心を持ち、探究しようとした新しい「心理学」の探究と強く深くつながっていたのである。

南方熊楠の「大逆事件」と「千里眼」事件

一方、熊楠は明治四十四年（一九一一年）六月十日から十八日にかけて「和歌山新報」に「千里眼」と題して連載している。これはドイツ留学中の病理解剖医の田中祐吉（一八七四―一九四四）が「大阪毎日」に「欧州千里眼」という記事を寄稿したことに対する熊楠の反論である。熊楠によれば、田中祐吉は科学者の一人として唯物論を主張してきたが、「種々不可思議な現象の存在」を認めるようになり、「唯物論の信仰を放擲《ほうてき》」したという。このとき田中にはすでに『病理解剖学提綱』（吐鳳堂書店、一九〇〇年）の編著があった。後には、『明治大正日本医学史』（東京医事新誌局、一九二七年）や、田中香涯の名で『科学上より観たる霊と肉』（大阪屋号書店、一九二二年）、『変態風俗の研究』（同、一九二七年）の他、『医事雑考…妖・異・変』（鳳鳴堂書店、一九四〇年）や『医事雑考…奇・珍・怪』（同、一九四一年）を上梓している。興味深いのは、この『医事雑考…妖・異・変』の付録として「隠念仏　一　隠念仏の全貌／二　隠念仏は一念義の亜流／三　隠念仏の秘行」という隠し念仏についての記事を載せている点である。

だが、熊楠は、このある意味で「転向」した「科学者」のようにではなく、あくまでも「科学」的態度を崩さずに「千里眼」や「変態心理」の領域に向き合うことが重要であると主張している。そして、当事者研究の危険についても注意を促している。それは第二章で触れたように精神錯乱に陥る危険や可能性があるからで、那智での夢の中での新菌発見などのことも冷静に考察している。むしろ自分の体験を過剰に振りかざしたり重要視したりしていく傾向にブレーキをかけようとしているのである。

この当時、熊楠は神社合祀反対運動に精力を傾注しており、「変態心理」に対する関心はいくらか後退している。新聞紙上を賑わした福来友吉の「千里眼事件」のことなどを十分承知していたと思われるが、「千里眼」という語を使いながらも福来についての言及は一切ない。慎重に福来問題を避けているかのようである。

というのも、福来は「心理学」という当時の最新科学の立場から「千里眼」の透視実験をしようとしていたから、むしろ熊楠は「科学者」がこの領域に過剰に突入していくことに警戒しているかのようである。時代に先駆けて「変態心理」の探究をしていた熊楠にとって、その危険性を表明することは科学的態度として堅持すべきことだったのかもしれない。オウム真理教事件が孕む科学技術研究や妄想的な疑似科学的言説の横行を経験してきた私たちからすれば、熊楠の態度は十分理解できるものである。

それと同時に、この年に起こった大逆事件で新宮から六人の「大逆者」を出したということで、熊楠は繰り返しこの事件と神社合祀反対運動とのつながりを強調している。たとえば、神社合祀反対運動の論陣でもっともまとまった論考である『日本及日本人』に掲載した「神社合併反対意見」の草案である「神社合祀に関する意見反対」の中で次のように述べている。

　新宮には、ちょうど一昨年中村氏が議会へこのことを持ち出さぬ前にと、万事を打ち捨てて合祀を励行し、熊野の開祖高倉下命《たかくらじのみこと》を祀れる神倉社とて、火災あるごとに国史に特書し廃朝仰せ出でられたる旧社を初め、新宮中の古社ことごとく合祀し、社地、社殿を公売せり。その極《きょく》鳥羽上皇に奉仕して熊野に来たり駐《とど》まりし女官が開きし古尼寺をすら、神社と称して公売せんとするに至れり。もっとも如何に思わるるは、皇祖神武天皇を古く奉祀せる渡御前《わたるごぜん》の社をも合祀し、その跡地なる名高き滝を神官の私宅に取り込み、藪中の筍《たけのこ》を売り、その収入を私《わたくし》すと聞く。さてこの合祀に引き続き、この新宮の地より最多数すなわち六名の大逆徒を出し、その輩《やから》いずれも合祀の最も強く行なわれたる三重と和歌山県の産なるは、官公吏率先して破壊主義と悖逆《はいぎゃく》の例を実示せるによる、と悪評しきりなり。大逆管野某女が獄中より出せる状に、房州の某処にて石地蔵の頭を火炙《ひあぶ》りにせしが面白かり

し由を記せるなど考え合わすべし。(『南方熊楠全集』第七巻、五三六頁)

ここで熊楠は、和歌山県の中でも熊野信仰を強く残している新宮の地で「皇祖神武天皇」を奉祀した渡御前社をも合祀した事例をあげ、その跡地の有名な滝を神官の私邸に取り込んだりする私欲と暴利を貪るさまを痛烈に批判し、そのような「新宮の地より最多数すなわち六名の大逆徒を出し、その輩いずれも合祀の最も強く行なわれたる三重と和歌山県の産なるは、官公吏率先して破壊主義と悖逆の例を実示せるによる、と悪評しきり」とまで記すのである。神社合祀の「破壊主義」と大逆事件の「大逆徒」との相関の「悪評」を示し、管野スガの信仰心のかけらも見られないことにも併せて注意を喚起している。

その一方で、この論考では、「わが国特有の天然風景はわが国の曼陀羅」であると日本の「天然風景」の「曼陀羅」(同、五五九頁)性を称揚し、別の箇所で次のように「民俗学《フオルクスクンデ》」にも言及している。

近世欧米で民俗学大いに起こり、政府も箇人も熱心にこれに従事し、英国では昨年の政事始めに、斯学の大家ゴム氏に特に授爵されたり。例《たと》せば一箇人に伝記あると均しく、一国に史籍あり。さて一箇人の幼少の事歴、自分や他人の記憶や控帳に存せざることも、幼少の時用いし玩具や貰った贈り物や育った家の構造や参詣せし寺社や祭典を見れば、多少自分幼少の事歴を明らめ得るごとく、地方ごとに史籍に載らざる固有の風俗、俚謡、児戯、笑譚、祭儀、伝説等あり。これを精査するに道をもってすれば、記録のみで知り得ざる一国民、一地方民の有史書前の履歴が分明するなり。わが国の『六国史』は帝家の旧記にして、華冑《かちゅう》の旧記、諸記録は主としてその家々のことに係る。広く一国民の生い立ちを明らめんには、必ず民俗学の講究を要す。(同、五五六頁)

注目すべきことに、柳田國男が未だ「民俗学」という言葉で民間伝承の学を総括していなかった時期に熊楠はいち早く「民俗学の講究」の急務であることを、神社合祀反対意見の論点から指摘していたのだ。後年、柳田は民間伝承や郷土研究の学問的研究を「民俗学」という語に統合していくことになる。

一九一〇年のエコロジー(生態学)とサイコロジー(心理学)と民俗学——熊楠の場合

一九一〇年という年は、国内外の動向においても、南方熊楠にとっても大きな変化のあった年であった。先に述べた神社合祀運動を展開する中で留置所に入れられたこともその一つである。一部は繰り返しになるが、ここで熊楠のライフヒストリーを簡単に記述しておこう。

南方熊楠は慶応三年（一八六七年）紀州藩に生まれ、幼少期に伊達神社の倉田神官や提燈屋の亭主の国学者や学識ある薬屋の坂上隠居らに毎日曜日に「心学」を学んだ。その後、一八七九年（明治十二年）に和歌山中学校に入学し、そこで生物学や天文学や和歌や漢籍や英語など大変広範な学識を持つ博物学者の鳥山啓《とりやまひらく》の多大な影響を受けた。鳥山啓は『変異弁──天変地異拾遺』（一八七三年）を始め、『異変弁動物図彙』『木水魚譜』『植物図彙』などの図鑑を著すと同時に、「軍艦マーチ」の作詞者としても知られている。熊楠は、一八八四年（明治十七年）に上京して、共立学校で英語を学び、東京大学予備門に入学するも、ノイローゼ（脳疾）となり中退する。その時の同期生には、夏目漱石や正岡子規や秋山真之《さねゆき》、芳賀矢一、山田美妙、本多光太郎など、錚々たるメンバーがいた。

東京大学予備門を中退した熊楠は、一八八六年（明治十九年）、渡米してサーカス団に入り、巡業したりしたが、一八九二年（明治二十五年）イギリスに渡り、ロンドンに住み着き、大英図書館に通い詰めて、猛烈な勉強を開始する。そして、科学雑誌『Nature』に「東洋の星座」や「ミツバチとジガバチに関する東洋の見解」や「拇印考《ぼいんこう》」などの論考を投稿し掲載される。この頃、大英博物館で図書目録編纂係となり、考古学や人類学の文献を抜書きし、南方版百科全書ともいうべき私家版の『南方抜書』を作成する。

そして、一八九三年（明治二十六年）十月三十日、ロンドンで土宜法龍（後の高野山真言宗管長）と出会った。土宜法龍は同年、シカゴで行われた万国宗教大会に鎌倉円覚寺の釈宗演らとともに日本代表として参加し、その後ロンドンとパリに立ち寄り帰国することになるが、ロンドン滞在はわずか数日であったにもかかわらず、その後の南方熊楠との頻繁なる書簡のやり取りは特筆に値する内容と分量である。土宜法龍は、パリではギメー博物館の要請で、一八九四年の三月まで約五ヶ月間滞在している。この間に南方熊楠と土宜法龍との間でロンドンとパリを往復する膨大な書簡のやり取りがあった。

一九二〇年（大正九年）八月、五十三歳の南方は、当時高野山真言宗の管長職にあった土宜法龍の招きで高野山に登り、二十七年ぶりの再会を果たす。この時、土宜の弟子であった水原堯栄（一八九〇—一九六五）が熊楠を接待したのだが、水原は後に『邪教立川流の研究』（一九二三年）を上梓した学僧である。この時、熊楠は一乗院に宿泊し、周辺の森で粘菌類を採集している。翌年の一九二一年（大正十年）十一月に熊楠はふたたび高野山に登り、膨大な粘菌を採集したが、このときも一乗院に投宿している。土宜法龍はその翌年、一九二二年（大正十一年）、高野山金剛峰寺にて死去した。

熊楠が土宜法龍との出会いとそれをきっかけとした膨大な書簡のやり取りをする中で、幼少期から熊楠の血肉となっていた真言密教が、当時のロンドンで大流行していた心霊研究やオカルティズムやスピリチュアリズムとある面では共鳴し、ある面では反発して独自の熊楠流世界認識を作り上げていくことになる。

一八九三年十二月二十一日、南方熊楠は土宜法龍にこう述べている。

オッカルチズムのことは、仁者（引用者注―土宜法龍）これを何の用に供するを言わず。（中略）オッカルチズムのことたる、別に立派なものにあらず。一体日本にも巫覡《ふげき》などいうは、士君子たるものの正しきこととせぬことなり。仁者のこれを調べんとするは、西洋にかかるもの多く、言を仏教などに託するを聞いて、もし真に然らばこれを仏教の助けとなさんとせられしことと小生は思えり。（同、一三九頁）

またわけも分からざるオッカルチズムぐらいのことで（同、一八六頁）

シャマニズムは、仏教の至っておちぶれたるものとも、また大乗の『瑜伽論《ゆがろん》』の原《もと》をなせりとも申す。（同、一八八頁、一八九三年十二月二十一〜二十四日付、土宜法龍宛書簡）

ここで熊楠は、西洋の「オッカルチズム」（オカルティズム）などはさほど大したものではない、それは日本の「巫覡」すなわちシャーマニズム的な現象と変わらぬもので、それは仏教の落ちぶれたものであり、また大乗仏教の唯識派のヨーガ的な行法の元をなすものとも言えると述べている。「また汝、オッカルチズムごとき腐ったものを理外の理などいうて求めんとす。予は常にかかることを行ない、一昨日も行なえり」（『南方熊楠全集』第七巻、二一八頁、一八八九四年三月三日付、土宜法龍宛書簡）とも記し、自分にとっては日常茶飯にそのようなことを行なっていると述べている。この「常にかかることを行ない」とはどのようなことを日常的に行なっていたのであろうか？

それは「変態心理」状態の招来や死んだ羽山繁太郎・蕃次郎兄弟との心霊的交霊体験だったのだろうか？　四十年近く後に振り返って書いた書簡の中で、熊楠は「外国にあった日も熊野におった夜も、かの死に失せたる二人のことを片時忘れず、自分の亡父母とこの二人の姿が昼も夜も身を離れず見える。言語を発せざれど、いわゆる以心伝心でいろいろのことを暗示す。その通りの処へ往って見ると、大抵その通りの珍物を発見す。それを頼みに五、六年幽邃極まる山谷の間に僑居《きょうきょ》せり。これはいわゆる潜在識が四境のさびしきままに自在に活動して、あるいは逆行せる文字となり、あるいは物象を現じなどして、思いもうけぬ発見をなす」（一九三一年八月二十日付岩田準一宛書簡、『南方熊楠全集』第九巻、二五頁）と、アメリカやイギリスに滞在していた時にも、熊野那智に籠って生物研究していた際にも、透視やテレパシー的な「以心伝心」的事態をいろいろと経験していたと述べているからほぼ間違いないことであろう。

注意したいのは、熊楠が一方では「オッカルチズム」を「シャマニズム」のような落ちぶれたものと幾分否定的に言いつつも、もう一方でそれがヨーガ的唯識説の元をなすものだとも評価しているように見える点である。そしてさらに注目すべきは、翌一八九四年三月十九日付の土宜法龍宛書簡で、その「瑜伽」をキリスト教のグノーシス主義に比している点である。「你《なんじ》、瑜伽を学ばんとならば、耶蘇教の Gnosticism を見よ。これ今はほとんど全滅せしが、書はあるなり。『大日経』ともいうべき大著述もあり。例の捏造捏造といわる、されど何しろ玄妙なものなり。五智如来の配置にはなはだ似たることもあり。いろいろの秘密法あるなり。」(『南方熊楠全集』第七巻、二九六頁、一八九三年十二月二十一〜二十四日付、土宜法龍宛書簡)

一八九四年当時に、古代キリスト教最大の異端とされたグノーシス主義をこのような観点から評価している熊楠の知識とその慧眼に驚かされる。しかも「捏造」文書と言われるグノーシス主義に実に「玄妙なもの」である『大日経』のような大著があり、そこには『大日経』に説かれる五智五仏の叡智のはたらきや密教修法のような「秘密法」があると述べているところにも驚かされる。いったい熊楠は、このようなグノーシス主義についての知見をどのようなところから得たのであろうか?

推測するに、それは一つは、ブラヴァツキーの「神智学」方面からの情報だったであろう。というのも、熊楠が土宜法龍に宛てた書簡に次のような文章があるからである。

御申越しの幽霊等の会のことは、小生一向知らず。ただし行く行くその会につてを求めて、一方を長谷氏まで呈すべし。またオッカルチズムのことは小生も少々読みしが、名ありて実なきようのことにあらずや。たとえば霊験とか妙功とかいうほどのことで、一向その方法等は聞き申さず。ブラヴァツキのこのことの傑作前後二篇四冊のうち二冊、ずいぶん大冊なるが、前年読みしも、ただかかる奇体なことあり、かかる妙な行法あり、というまでにて、いわば『古今著聞集』、『今昔物語』等に、安倍晴明、賀茂保憲《かものやすのり》等のしき神《じん》を使いしこと多くのせたるようなことで、面白いばかり、一向核のなきことなりし。この書も し入用ならば、仁者帰国の後、貸し申すべし（和歌山にあるなり）。私は多くオッカルチズムの書に銭を費やせしが、ただただ飯くわぬ人、幽霊と話する人の伝ぐらいのもので、『周易《しゅうえき》』などのごとく法方理論もなんにもなく、はなはだ漠たるものなり。ユダヤ人にカバラという方術あり。これははなはだむつかしく入りくみしもので、理論もあり書典もあるなり。（同、二四二頁）

熊楠はかなり集中的に「オッカルチズム」関連の書を読破した。その中に、ロンドンで新規の霊能者として話題になっていたロシア人の女性霊能者のブラヴァツキーの著作もあった。そこで熊楠は「ブラヴァツキのこのことの傑作前後二篇四冊」と記したのである。この「傑作前後二篇四冊」とは、ブラヴァツキー著の『ヴェールを脱いだイシス（Unveiled Isis）』と『秘密教義（Secret Doctrine）』の二著（各二分冊で合計四分冊）のことであろう。これを熊楠はオカルティズムの「傑作」とも記すが、しかし、これとても、「名ありて実なきよう」なもので、「霊験とか妙功」とかを説くが、その「方法」などについての記述はなく、参考にならない。むしろ、わが国の『古今著聞集』や『今昔物語』などには「霊験とか妙功」現象の類は頻出している。たとえば、陰陽道の安倍晴明や賀茂保憲などが式神を使って呪を行なうことなどがその例である。そのような霊験譚がブラヴァツキーの著作には満載されているが、しかしそこには方法論や理論がない、と熊楠は断じているのである。それに対して、ユダヤ教の「カバラという方術」には「理論」も「書典」もあると評価している。

このように、キリスト教神秘主義のグノーシス主義とユダヤ教神秘主義のカバラに一定の評価を与えているところに、熊楠における先行事例とも思想的範型ともなっていたのが真言密教であったことがよくわかる。熊楠は日本および東洋の「密教」を判断軸として、グノーシス主義とカバラに一定の評価を与え、オカルティズムやブラヴァツキーに対しては、シャーマニズムや『古今著聞集』や『今昔物語』を判断軸として低い評価しか与えていない。

ここで、熊楠が「事」（事象、現象、霊験、妙功）あるいは「理外の理」よりも、まっとうなる「理」（方法、理論）を重要視していることがうかがえる。それは、次のような「理外の理」についての言説においても明白であろう。

また目今、数十万の信徒を有するスウェーデンのスウェズンボールグ氏の教え（New Church とかいう。欧米到る処に寺あり）は、全く你らのいうような奇怪なこと、すなわち理外の理を主張す。しかして元祖スウェズンボールグの你よりえらきは、さすがの英雄なれば、理学を精研して、合戦のときは大敵を打ち破る器械までも成し、一同の心を圧服して後に、珈琲《コーヒー》ばかり飲んで終夜一室に鬼語し、われは上帝、ノア等と会話すとて、乗り出だしたる、とあり。（同、二九六頁）

熊楠によれば、スウェーデンボルグは単なる神秘家でも「理外の理」を求め吹聴する輩でもなく、「理学」者でもあり、戦闘「器械」まで作った点が、土宜法龍よあんたより偉いのだという熊楠の歯に衣着せぬ主張がこの書簡には躍動している。

こうした熊楠の密教心理学がどのように生物学・生態学や神社合祀反対運動と結びつくか。熊楠には「辟支仏・縁覚・独覚」という自覚と「金粟如来」の化身という自覚があったが、同時に「藤白王子の老樟木の申し子」の自覚もあった。亡くなる二年前の一九三九年（昭和十四年）三月十日、熊楠は土宜法龍の弟子の水原堯栄に宛てて「小生は藤白王子の老樟木の申し子なり」と書き送っているからだ。

この「藤白王子」とは、和歌山県海南市にある、境内に楠の巨木を持つ神社で、九十九王子の中で特に「五体王子」と呼ばれた別格王子社の一社である。「藤代王子」とか、「藤代神社」とか「藤白権現」とか「藤白若一王子権現」とも呼ばれる、熊野参詣道（熊野古道）の入口に位置する由緒のある神社である。ここの神社の末社が楠社であるが、熊楠はこの「藤白王子」社の宮司に名前を付けてもらった。そこで、楠に対しても、熊野に対しても、特別の思いが熊楠の中にはあった。

熊野密教と楠。これこそ「南方熊楠」という存在の立脚点であった。熊楠の生命研究（植物学）と民俗学（人間生活学）と神社合祀反対運動との接合点は、熊楠の密教理解と藤白神社に対する深い思いを基盤として支えられていた。欧米で生物学や生態学を学んできた熊楠の神社合祀反対運動の論理は実によく練り上げられていて、彼の「履歴書」などのような、どこまでも増殖して止まぬ融通無碍なる論述ではない、首尾一貫した戦略的で戦闘的な整合性がある。とはいっても、そこでの事例列記主義には変わらぬ過剰さがあるが。

熊楠の神社合祀反対運動は、おおよそ次の八つの論点に絞られる。

①（神社合祀は）敬神思想を弱める。
②民の和融を妨げる。
③地方を衰微させる。
④国民の慰安を奪い、人情を薄くし、風俗を害する。
⑤愛国心を損なう。
⑥土地の治安と利益に大害がある。
⑦史蹟と古伝を滅却する。
⑧天然風景と天然記念物を亡滅する。

これは、じつに戦略的で体系的かつ網羅的な主張である。それにより、端的にかつ鋭く、「神社合祀」という行政的な強制的政策の非と欠陥を突いている。戦略的というのは、明治政府は明治初年の国民教化運動として掲げた「敬神愛国」運動をみずから空文化する政策として神社合祀を展開したと論理を逆手に取っているからだ。それゆえ、明治初期からの政府の基本方針の「敬神愛国」の理念が神社合祀によって弱体化するという指摘は、まっこうからの政策批判となる。加えて、人々の安寧・融和を妨げ、地方を衰微させ、国民の慰安を奪い、治安を悪くし、歴史的記憶や記念物も無にしてしまい、結局のところ「愛国心」を失わせてしまう。

よいところは一つもない。むしろ、関係者の欲の皮を突っ張らせ、利益や利権を貪ろうとする輩《やから》の横行により、倫理道徳も社会秩序も混乱する。そんな政策をなぜ実行するのか？　熊楠は理を尽くし、数多の事例を挙げてするどくかつ具体的にその非を責め立てる。

「神社合祀に関する意見」の冒頭を熊楠は次のように始めている。

最初、明治三十九年十二月原内相が出せし合祀令は、一町村に一社を標準とせり。ただし地勢および祭祀理由において、特殊の事情あるもの、および特別の由緒書あるものにして維持確実なるものは合祀に及ばず、その特別の由緒とは左の五項なり。（1）『延喜式《えんぎしき》』および『六国史《りつこくし》』所載の社および創立年代これに準ずべきもの、（2）勅祭社、準勅祭社、（3）皇室の御崇敬ありし神社（行幸、御幸、奉幣、祈願、殿社造営、神封、神領、神宝等の寄進ありし類）、（4）武門、武将、国造、国司、藩主、領主の崇敬ありし社（奉幣、祈願、社殿造営、社領、神宝等の寄進ありし類）、（5）祭神、当該地方に功績また縁故ありし神社。

神社には必ず神職を置き、村社は年に百二十円以上、無格社は六十円以上の報酬を出さしむ。ただし兼務者に対しては、村社は六十円、無格社は三十円まで減ずるを得。また神社には基本財産積立法を設け、村社五百円以上、無格社二百円以上の現金、またこれに相当する財産を現有蓄積せしむ、とあり。つまり神職もなく、財産、社地も定まらざる廃社同前のもの、また一時流行、運命不定の淫祠、小祠の類を除き、その他在来の神社を確立せしめんと力《つと》めたるもののごとし。

しかるにこの合祀令の末項に、村社は一年百二十円以上、無格社は六十円以上の常収ある方法を立てしめ、祭典を全うし、崇敬の実《じつ》を挙げしむ、とあり。祭典は従来氏子人民好んでこれを全うし、崇敬も実意のあらん限り尽しおれり。ただ規定の常収ある方法を新たに立てて神社を保存せんとするも、幾年幾十年間にこの方法を確立すべしという明示なく、かつ合祀の処分は、一にこれを府県知事の任意に任せ、知事またこれを、ただただ功績の書上《かきあげ》のみを美にして御褒美に預らんとする郡長に一任せしより、地方の官公吏は、なるべくこれを一時即急に仕上げんとて氏子輩に勧めたるも、金銭は思うままに自由ならず。よって今度は一町村一社の制を厳行して、なるたけ多くの神社を潰すを自治制の美事となし、社格の如何《いかん》を問わず、また大小と由緒、履歴を問わず、五百円積まば千円、千円積まば二千円、それより三千円、和歌山県ごときは五千円、大阪府は六千円まで基本財産を値上げして、即急に積み立つる能《あた》わざる諸社は、強いて合祀請願書に調印せしむ。（同、五三〇―五三一頁）

熊楠は明治三十九年に原敬《はらたかし》内相が出した「一町村に一社」を標準とする神社合祀令において、残す対象となる神社の基準を列挙し、それ以外のものが合祀される中で、神社の基本財産や神社財政と維持経費の具体的金額も挙げていく。そして、財政基盤を安定させ、神社には必ず神職を置いて祭典を執《と》り行わさせ、「崇敬の実」を上げさせるという政府の方針を紹介する。

しかし、である。熊楠は、その政府方針は内部から瓦解していっていると痛烈に批判する。その一つは、樹を伐って売りさばき利益を得ようとする官僚や神職たちの腐敗。さらにはそれを許した国の退廃。それにより、もともと「国民元気道義の根源たる神社」(同、五三一頁)が神社の「合祀」によって神社の「整理」どころか、「縮少《ママ》」や「破壊」に至り、「神道全体の衰《すい》頽《たい》」(同、五三三頁)に向かっていると、熊楠は伊勢四日市の諏訪神社の生川《なるかわ》鉄忠社司の「神社合祀の弊害」論を引き合いに出しながら、批判の論陣を開始する。この論考は実に四〇〇字詰め原稿用紙一〇〇枚近くにも及ぶ大作で、内容も具体例の列挙が詳しすぎて、もっとコンパクトにまとめた方がより効果的だと思えるほどだ。

南方熊楠の「永遠の今」

南方熊楠は、森の持つ多様・多彩・多元を博物学と生態学で包含した在野の研究者であった。熊楠の名となった「熊」も「楠」もともに「神」として崇められてきた動植物だが、神社に祀られるようになる神々は「八百万《やおよろず》の神」と呼ばれるように、実に多様である。同時に、神々が寄り付いてくる「森」も実に多様だ。

そんな多様な神社を「一町村に一社」に統廃合するという政策を明治三十九年（一九〇六年）に第一次西園寺公望内閣（一九〇六―一九〇八）の内務大臣原敬が発令した。最初はその勅令はそれぞれの地域事情に合わせた幅のあるものだったが、第二次桂太郎内閣（一九〇八―一九一一）の内務大臣平田東助（一八四九―一九二五）がこの勅令を強く進めたので、およそ二十万社あった神社が約半分の十三万社近くに減ったという。この平田東助は、明治四十三年（一九一〇年）五月に大逆事件が起こったとき、幸徳秋水らを逮捕し処刑した責任者でもあった。幸徳秋水は社会革命党を結成していたが、明治天皇暗殺計画には関与していなかったので冤罪である。が、平田東助は事件後華族に列せられ、子爵となる。

神社合祀政策が特に励行されたのが皇祖神天照大神の祀られている伊勢神宮のある三重県と元徳川御三家の一つの紀州藩のあった和歌山県の二県である。ちなみに、三重県は九割もの神社が神社整理されて合祀されたという。

ともあれ、神社合祀反対運動の論点として、最初に「敬神思想を弱める」と主張したところに、熊楠の工夫と戦略があった。というのも、明治政府は、明治五年（一八七二年）四月に国民教化策として出した「三条の教則」で「敬神愛国」を第一に挙げていたからだ。教部省は、

敬神愛国ノ旨ヲ体スヘキ事
天理人道ヲ明ニスヘキ事
皇上ヲ奉戴シ朝旨ヲ遵守セシムヘキ事

の三つを「三条の教則」として掲げていた。

「敬神愛国・天理人道・皇上奉戴／朝旨遵守」。南方熊楠はこの明治政府の国民教化運動のテーゼを逆手に取った。これは思いついたことを次から次に書き連ねていく記述の多い南方熊楠にしては、なかなか効果的なインパクトのある戦略記述であった。というのも、熊楠の記述はいつも事例提示がだらだらと続き、「横一面」に際限なく連なり延びていくことが多いからだ。

熊楠には、一方では、マンダラ的で包括的な明晰さがあるが、もう一方では、土宜法龍に宛てた書簡のような、妄想的とも言えるような錯雑した複合性がある。後者が熊楠の大きな特徴のように見られがちだが、それは事の半面である。多くの場合、後者の方が勢力をふるいがちであるが、両方がせめぎ合い、激しく闘争しているのが熊楠の知性の特性である。神社合祀反対運動は、熊楠のそのような合理と不合理（超合理とも言える情念と情熱）が沸騰融合している。

この時、熊楠は「エコロギー ecology」という言葉を使って、生命の宝庫としての神社の森

（鎮守の森）を護り、その言わば社会運動を生態学的な生命研究と接合した。この点で、南方熊楠は宮沢賢治と並んで、日本近代における「生態智」思想探究の先駆者といえる。そして、その両者ともに「変態心理」を体験し、「変態心理学」に多大な興味と独自の心理学的野心を持っていた。

熊楠は言う。

神社の人民に及ぼす感化力は、これを述べんとするに言語杜絶す。いわゆる「なにごとのおはしますかを知らねども有難さにぞ涙こぼるる』ものなり。（中略）（同、五五〇頁）

野外博物館とは実は本邦の神林神池の二の舞ならん。（同、五六一―五六二頁）

わが国の神社、神林、池泉は、人民の心を清澄にし、国恩のありがたきと、日本人は終始日本人として楽しんで世界に立つべき由来あるを、いかなる無学無筆の輩にまでも円悟徹底せしむる結構至極の秘密儀軌たるにあらずや。（同、五六二頁）

本県合祀励行一村一社の制を強行して、神社乱滅、由緒混乱、人民嚮《むか》うところを失い、淫祠邪魅盛んに行なわれ、官公吏すでに詐道脅迫をもって神様を奪い得る。人民また何なりして官を欺くがよろしというようなことで、当県官公吏の犯罪（村長の）全国第一たり。加うるに、高野、熊野その他に山林濫伐、偽証払下げの罪人多く生じ、当該官当局またこれを悔ゆることはなはだしけれども、今度は人民の方一層狡猾になり、小生千辛万苦して、せっかく数千の私資金を費やし、多大の年月を消して作りたるプレパラート（中略）の漏れ損ずるをも顧みず、去年ついに牢舎につながるるまでも奔走説得して保留せる神社多きも、今では反って神社を置いた所までも神林を伐るもの多く、小生の親戚すら前金を置きまわり、神林を伐り売買してコンミッションを獲て営業とするものあり。実に困りきったことに御座候。（松村任三宛書簡、同、四八九頁）

これまでにこのような観点から「神社、神林、池泉」のはたらきを説明した人はいなかった。西行法師は、伊勢の神宮を前にして、「なにごとのおはしますかを（は）知らねども　有難さ（かたじけなさ）にぞ涙こぼるる」と詠《うた》ったが、熊楠はその歌の精神と神社の存在意義を最新の科学的施設である「野外博物館《フィールドミユゼウム》」などの観点から説き明かすのである。

また、「エコロギー」という語の使用に関しては、和歌山県知事川村竹治宛書簡中で次のように述べている。

> 殖産用に栽培せる森林と異《かわ》り、千百年来斧斤《ふきん》を入れざりし神林は、諸草木相互の関係はなはだ密接錯雑致《いた》し、近ごろはエコロギーと申し、この相互の関係を研究する特種専門の学問さえ出で来たりおることに御座候。（『南方熊楠全集』第七巻、五二六頁）

「諸草木相互の関係はなはだ密接錯雑致し」とは、熊楠の「不思議」論や「萃点」の議論を想起させる。関係性に焦点を当てたその表現は仏教本来の縁起的思考とも言えるが、同時に極めて密教的である。つまり、関係的で包摂的という意味で、曼陀羅的である。複雑系の関係性と複雑系の思考、熊楠に横溢しているのはそのような思考と知性なのだ。

さらにまた、柳田國男宛書簡中には次のようにある。

> 昨今各国競うて研究発表する植物棲態学ecologyを、熊野で見るべき非常の好模範島なるに（以下略）（『南方熊楠全集』第八巻、五九頁）

ここに言う「熊野で見るべき非常の好模範島」とは田辺湾に浮かぶ神島《かしま》のことである。昭和十年秋、熊楠はこの神島で昭和天皇にご進講し、森永のミルクキャラメルの箱に粘菌の標本を詰めて献上した。
「千百年来斧斤を入れざりし神林は、諸草木相互の関係はなはだ密接錯雑致し」という熊楠の記述は、まさに生命のミステリー場としての神社の森の生命精髄であった。そしてそれが、田辺湾に浮かぶ美しい「神島」という「非常の好模範島」に典型化されていた。それを昭和天皇へのご進講にかこつけて「天然記念物」の指定を勝ち取る。神社合祀反対運動では熊楠は、時どき大変戦略的な論理と行動を垣間見せる。

このように、心理学と生態学（生物学）と民俗学（人類学）との融合を可能としていったのが、熊楠の密教と神社に対する「密接錯雑致す」神仏習合的な直覚であった。この熊楠の心理学と生態学と民俗学を総動員した神社合祀反対運動は、ハレー彗星の到来した一九一〇年（明治四十三年）にピークを迎えていた。

熊楠は猛然と論旨明快、勇猛果敢にこの運動を展開した。余人に理解しがたいほどの熱情と行動力をもって。その翌年の明治四十四年（一九一一年）、熊楠は柳田國男と出会い、土宜法龍と交わしたような圧倒的な書簡のやり取りを開始した。その時、中央政府の政策中枢にいた柳田國男は、熊楠に毛利清雅・柴庵との関わりに気をつけるように忠告している。

ともあれ、南方熊楠の標本採集的な全事例明記主義には恐れ入る。その目くるめくような地理学的・形態学的・空間的・博物学的・曼陀羅的記述。ここまでの併記・列記主義は、柳田國男にも折口信夫にもない。三者三様にこだわりも文体も特色があるが、南方熊楠のこの事例列挙は群を抜いている。彼の思考・知識世界においては、すべての事例が空間的に並列的に存在しているかのようである。

精神医学者の木村敏は、個的心理的時間体験を、

アンテ・フェストゥム―祭りの前―統合失調的
ポスト・フェストゥム―祭りの後―鬱病的
イントラ・フェストゥム―祭りの最中―癲癇的

と三類型化した（『木村敏著作集』2・3・4巻、弘文堂、二〇〇一年）。「アンテ・フェストゥム」においては、時間は未来から流れ、祭りの前に感じるそわそわ感や何が起こるかわからないという不安感などから来るハイテンションな分裂感がある。「ポスト・フェストゥム」では、時間は過去から流れ、それゆえに、事後の感覚に囚われ、無力や欠如や喪失や完結を感じ、もう手遅れという、「自己自身への遅れ」を感じてしまう。そして「イントラ・フェストゥム」では、時間は「永遠の今」として、強烈な高揚感や感情の洪水に取り巻かれ、未来も過去もなく、ただただこの今の祝祭的一瞬を生きているとされる。木村敏の弟子の野間俊一の『身体の時間――〈今〉を生きるための精神病理学』（筑摩選書、二〇一二

年）では、この「イントラ・フェストゥム」においては、「過去も未来もない純粋な現在だけがある」とされる。

南方熊楠は、間違いなく、この「イントラ・フェストゥム＝祭りの最中」的人間である。南方熊楠は「イントラ・フェストゥム＝祭りの最中」的人間であるゆえに、その思考の中に歴史学がない、時間論がないとも言える。熊楠には基軸となるような明確な時間軸がない。これは若い頃に何度か癲癇発作を起こしていたことも関連があるであろう。南方熊楠は、典型的な「イントラ・フェストゥム＝祭りの最中」的人間だった。

それに対して、折口信夫には「古代」あるいは「生活の古典」という「古《いにしえ》」の基準があった。その「古代」という時間軸は、幸運なことに、大正十年（一九二一年）の沖縄探訪旅行によって沖縄という空間に転位し、「生活の古典」あるいは「らいふ・いんでっくす」として明示的かつ体系的に確かめられた。一方、日本民俗学の父であり、祖と言える柳田國男も、日本民俗学を立ち上げ、市民権を獲得しようと努める中で、常に歴史学を意識し、それと拮抗したので、明確な時間軸を持っていた。歴史学は基本的に文献学、テキスト・クリティックを時系列的に行うことによって成り立つ学問だから。

しかし、柳田國男や折口信夫や、またすべての歴史学者が持つような歴史認識や歴史意識が南方熊楠にはない。歴史的思考・時間的意識を振りかざすことがないために、その代わりに、事例だけが「永遠の今」に空間的に配列される。『南方熊楠全集』第一巻に収められた『十二支考』は、十干十二支の干支の時間軸をテーマにしているにもかかわらず、時間についての言及が一切なく、すべてが空間的に際限なく配列され続ける。それは「腹稿」（下書き原稿）を見るとより明らかである。

こうした一回起的意識が欠如していることは、南方熊楠が研究した粘菌が永劫回帰的・循環的・自己変容的ということとも密接に関係しているかもしれない。南方熊楠にとって「心」は「複心」で、「密接錯雑」していた。すべてがそのような「錯雑」系の複雑系、それが南方熊楠空間である。そしてその「イントラ・フェストゥム＝祭りの最中」の空間感覚を容れる社会運動が神社合祀反対運動だったのである。

明治四十四年（一九一一年）三月二十一日付の柳田國男に宛てて書いた最初の書簡には、幾分抑えた筆致ではあるが、神社合祀反対運動のことを次のように記している。

小生、当県の俗吏等むやみに神社合祀を励行すること過重にして（三重県の外にかかる励行の例なし）、一切の古社神林を濫伐するを憤り、英国より帰りて十年ばかり山間に閉居し動植物学を専攻致し候も、もはや黙しおる時にあらずと考え、一昨年秋より崛起してこれに抗議し、一時は英国の学士会院等よりわが政府に抗議せしめんかと存じ候も、皇国のことを外国人の手を仮りて彼是《かれこれ》さするも本意ならずと考え直し、昨年の議会にて当県の代議士中村啓次郎氏に一切の材料を給し、内相へ質問演説を二度までなさしめ、そんなことから神社合祀は全国でほとんど中止となり候。（中略）

神社濫滅のため土俗学・古物学上、また神林濫伐のため他日学術上非常に珍材料たるべき生物の影を止めず失せ果《う》つるもの多く、さて神職等、素餐飽坐して何のなすところなく、淫祀狐蠱の醜俗蜂起し候こと、実に学問のためにも国体のためにも憂うべき限りに有之《これあり》候《そうろう》。（中略）

また英国の雑誌に小生をあてこみに質問出で候も、一向手がかりなく困り入りおり候一条は、死人の最も親しき親族が見るとき尸《しかばね》より血出づると申す（鼻衄《はなぢ》を多しとすと聞く）。このことなにか本邦の文書に載りたるものに有之候や。井上円了氏の『妖怪学講義』など見ば手がかり有之べくと存じ候えども、その書手許になく困りおり候。（『南方熊楠全集』第八巻、五―六頁、一九七二年）

熊楠にとってもっとも切実な喪失とは、「神社濫滅のため土俗学・古物学上、また神林濫伐のため他日学術上非常に珍材料たるべき生物の影を止めず失せ果つるもの多く」とあるように、学術上貴重な生物が神社の森から失われることであった。神社の森は人間生活の拠点であるばかりではない。あらゆる生物の拠り所となり、センターとなる場所の記憶にして記録、そしてその地の記念碑でもあった。そのような場所の多様性の安定・安全維持装置を踏みにじる所業を政府も県も何の見通しもない行政のご都合上の政策で臆面もなく実現した。和歌山県は特にその政策が励行された県であった。そのことに熊楠は猛然と抵抗し反論したのである。

この時の柳田國男宛書簡の中に、井上円了の『妖怪学講義』のことが出てくるが、「変態心理学」と「妖怪学」は、井上円了にとっても南方熊楠にとっても、また柳田國男や折口信夫にとっても、さらには田村祐吉や宮沢賢治にとっても極めて近接的な領野であった。

こうして、明治四十三年、一九一〇年という年は、まさに「妖怪」的な複雑怪奇を示しつつ、もんどりうって第一次世界大戦の起こった大正時代へと流れ込んでいくのである。

第四章　妖怪学の探究と表現

井上円了の心理学と妖怪学から始まる

一九一〇年の心理学を考える際に避けて通ることができないのは、それ以前にすでに確立していた井上円了の心理学についてである。「おばけ博士」とも「妖怪博士」とも呼ばれた井上が、「妖怪学」という一大体系の中に「哲学（純正哲学）」と「心理学」を明確に位置づけていたからである。

井上円了は、「妖怪」を「物怪」と「心怪」とに分け、また「妖怪現象」を「自然現象・人為現象・心理現象」と見、「妖怪現象」の合理的説明を『妖怪学講義』の中で、①理学部門、②医学部門、③純正哲学部門、④心理学部門、⑤宗教学部門、⑥教育学部門、⑦雑部門として展開していった。この稀代の「妖怪学者」井上円了は、じつに啓蒙的な妖怪撲滅を掲げる合理主義者であった。

明治二十年（一八八七年）に哲学館（東洋大学の前身）を創立した井上円了は、その一年前の一八八六年（明治十九年）に「不思議研究会」を立ち上げている。明治二十三年（一八九〇年）二月十八日刊の「妖怪研究」『哲学館講義録』第一期第三年第五号（『井上円了・妖怪学全集』第六巻、三六九頁、柏書房、二〇〇一年）には、妖怪研究と「応用心理学」との接点が示されている。

妖怪研究は余が数年来従事せるところなるが、近ごろ応用心理学を講述するに当たり、あわせて妖怪の解釈を下し、ときどき実験をも施しける。（同、第六巻、三六九頁）

また、「妖怪」や「不思議」について、次のように述べている。

洋の東西を論ぜず、世の古今を問わず、宇宙物心の諸象中、普通の道理をもって解釈すべからざるものあり。これを妖怪といい、あるいは不思議と称す。

そして、妖怪を次のように分類する。

①内界より生ずるもの

a．他人の媒介を経てことさらに行うもの（巫覡、神おろし、人相見《にんそうみ》、墨色、卜筮《ぼくぜい》、予言、祈禱、察心、催眠、その他諸幻術）

b．自己の身心の上に発するもの（夢、夜行、神知、偶合、再生、俗説、癲狂、その他諸精神病）

②外界に現ずるもの（幽霊、狐狸、犬神、天狗、鬼火、妖星、その他諸外界の妖怪）

これらの領域が南方熊楠や柳宗悦が取り組もうとした「変態心理学」と深く関わっており、同様に宮沢賢治が探究しようとした「或る心理学的仕事」とも密接に関与していることは明らかである。「妖怪報告」（明治二十三年三月『哲学館講義録』）には、「本館にて、心理講究のかたわら妖怪事実を捜索研究し、その結果を館員に報告し、また、その事実を館員より通信せしむる」（同、三七〇頁）とも、「霊魂は幽明の間に通ずるものなり」（同、三七三頁）とも述べている。

また、『妖怪学講義　心理学部門』哲学館第七学年度講義録（『井上円了・妖怪学全集』第二巻、柏書房、一九九九年）には、

第一講　心象編
第二節　変式的心象論
変覚（主観的）………変象（客観的）
幻覚（主観的）………幻象（客観的）
妄覚（主観的）………妄象（客観的）

とその「心象論」や「変式的心象論」が講じられており、宮沢賢治の「心象スケッチ」という概念にも一定の影響やヒントを与えたと思われる。また、「妖怪談」（明治三十八年〔一九〇五年〕十月一日『教の友』第二十二号）には、「どうしても霊魂不滅ということを語らねばなりませぬ。ところが、この霊魂不滅ということは哲学において研究する事柄であって、最も難解のものであります。およそ困難といっても、これほど困難なものはありませぬ。もし、この霊魂が分かりましたならば、現在この世界にあるところの学問はみな解決したと申しても、過当の言とは申されませぬ。学問という学問は多くあるけれども、研究に研究し尽くしたる暁、必ずこの心ということになります。／この心すなわち霊魂に至りますと……」（同、四一〇頁）と述べ、「霊魂不滅」は間違いないが「幽霊現存説」は信じないという立場を採っている。

井上円了は自分を「明治第二世代」と位置づけているが、円了より少し後に生まれた明治第三世代の南方熊楠や福来友吉は、円了流の合理主義「心理学」には飽き足らず、それを一歩も二歩も深化させる「変態心理」や「幽霊」の研究に突き進んだ。熊楠にとってはその「変態心理学」は、その時の今ここ（熊野・那智）において、「生態学」とも「民俗学」とも結びついた新たなる探究であった。

同時に、福来友吉の「心理学」実験（透視＝千里眼、念写）も、新しい段階の実験心理学（精神物理学）を切り拓く探究であったが、実験の真偽や作為を疑われ、結局アカデミズムを追われることになった。その福来友吉の新しい「変態心理学」的探究に関心を抱き、それをさらに「新しき科学」として展開しようとしたのが柳宗悦や宮沢賢治であった。

井上円了にとっては、奥羽越列藩同盟の一国である越後国（新潟県）に生まれた明治第二世代で、しかも浄土真宗大谷派の寺に生まれたという出自は、生涯ついて回った彼の履歴書的刻印であった。それに対して、紀伊国（和歌山県・紀州藩・徳川御三家）に生まれた明治第三世代の南方熊楠は、まったく異なる歴史的地理的制約の中で育った。

この二人に共通しているのは、「官」すなわち中央に対する反発と矜持《きょうじ》である。二人とも明治政府の「官」に就くことはなく、独自の「在野」を貫いた。江戸生まれの夏目漱石も文学博士を辞退する事件を起こしたが、学位や学会などというものの権威と権力を認めぬ野性と知性があった。それは、江戸の士族の出であったり、薩長同盟の「官」に対する旧徳川幕藩体制の中にあった彼らの屈折した反骨精神でもあったかもしれない。奥羽越列藩同盟の一藩を背景に持つ宮沢賢治にもそのことは共通するが、岩手県花巻生まれの賢治にはさらに深い土俗的葛藤があった。

南方熊楠の中央政府の施策の「神社合祀令」に対する反対運動は、「紀州」（熊野三山と高野山を持つ「木州」）の叛逆的精神性を顕著に示している。彼らは共に敗れたる「国」の敗残の地から出てきた明治第二・第三・第四・第五世代であった。そうした敗残の中で生き抜いた反骨の人々が新たな活路を拓いたのが、教育・学問・文学・芸術・宗教、つまり広く文化の領域であった。大きく見れば、井上円了も南方熊楠も宮沢賢治もそのような位置に立っている。

井上円了よりも後に生まれた明治第三世代の南方熊楠や出口王仁三郎《でぐちおにさぶろう》や柳田國男や、さらには福来友吉や宮沢賢治は、円了流の合理主義「哲学」や「心理学」には飽き足らず、それを一歩も二歩も深化させる「変態心理」や「幽霊」や「民俗」や「霊性」の研究に突き進んだ。熊楠にとってはその「変態心理学」は、熊野・那智の地に根付いた「生態学」や「民俗学」と結びついた新たなる探究であった。そしてその探求の核心に、彼の生家の新義真言宗根来《ねごろ》派という真言密教のコスモロジカルな世界観は大きな指針となり影響力を持った。そしてその密教は、円了的合理性を内面突破する「大日如来の不思議」を内包していた。

南方熊楠は、柳田國男宛書簡第一信の中で「井上円了氏の『妖怪学講義』など見ば手がかり有之べくと存じ候えども、その書手許になく困りおり候」と記しており、間違いなく先行研究として井上円了の『妖怪学講義』を意識して参照していた。

そのことは、ロンドン滞在中の土宜法龍との書簡のやり取りの中でも出てくる。

故に予は、真言で古《いにし》え行ないしまじない、祈禱、神通、呪詛、調伏《ちょうぶく》等は、決して円了などのいうごとき無功比々として法螺《ほら》ばかりのものと思わず。（『南方熊楠全集』第七巻、三七

一頁）

そして、次のような内容を述べている。

> ただし前年、井上円了先生、妖怪学を立てたと聞き、大英博物館にて、予先生の講義の序文を演《の》べ、何と欧州にはまだ化け物の学問はなかろうがと威張りしに、ある人それぞれお前の肘のあたりの常備参考架を見よと言うから打ち見たるに、ずっと以前に出版せる『妖怪学書籍総覧』とて、化け物学一切の書籍の索引だったから、日本人の気の付くことのほどは、大抵泰西ではすでに古臭くなっていると心付き、赤面して退きしことあり。思うに泰西に、千里眼などは今日古臭くて、学者もっぱら死の現象を研究する最中かも知れず。
>
> （『南方熊楠全集』第二巻、一二頁）

ここで熊楠は重要なことを述べている。第一に、古来真言宗で行ってきた「まじない、祈禱、神通、呪詛、調伏等」は決して嘘八百のホラのようなものなのではなく、根拠と実効性のあるものだという点。第二に、日本では井上円了の「妖怪学」が登場し、西欧ではまだそのような「化け物の学問」はないだろうと威張っていたところ、すでに『妖怪学書籍総覧』などが出ていて「化け物学」はずいぶんな蓄積があったこと。第三に、西洋ではもう「千里眼」などは「古臭く」、今は「死の現象」を研究している最中であるとしていること。この三点である。特に「千里眼」研究よりも「死の現象」についての研究がより重要であるということは、明治四十四年に「紀伊新報」に書いた「千里眼」という記事にも再説されており、熊楠の持論でもあり、先見の明でもあった。日本では、二十一世紀になってようやくにして「死生学」などの「死の現象」の研究が一般化してきた。熊楠ならばものともしないが、日本の学問風土の中では、これまで性の研究と死の研究はタブー視されてきた一面がある。そんな壁や境界を熊楠は果敢に突破し越境している。

ロンドンの熊楠は井上円了の『妖怪学講義』を参照しつつ、その先の「秘密」に踏み込もうとした。そのことは、平田篤胤に端を発するといえる「霊学」や「民俗学」の探究者であった出口王仁三郎や柳田國男からの、井上円了批判とも共通する視点と問題意識である。

明治二十九年（一八九六年）、二十五歳の上田喜三郎（後の出口王仁三郎）は精乳館を設立して搾乳販売業に乗り出すが、この頃、井上円了の妖怪学を研究し始めた。そのことを、出口王仁三郎は明治三十七年（一九〇四年）に執筆した『本教創世記』に次のように書いた。

一先《ひとま》ず医学の研究を中止して、神道の方面より研究を始めんとし、東京哲学館より発行する井上円了氏の『妖怪学』を研究する事となれり。されど井上氏の説にては、一か所も余の満足する所と成らざりしが、只其文中に、「妖怪学は仮怪《けかい》を開きて真怪に入るの門路であるから、此の妖怪学を目標として真理の方面に向かつて進まば、終に心天の中に智光の日月を仰ぎ、心海最も深き所に真如の月を浮ぶるを得ん」とあるの一事であつた。故に余は井上博士の『妖怪学』を以て足れりとせず、只参考までに止めて置いて、他の方面に研究の弓を向けたのであつたが、早くも明治三十年の一月であつた。

余の主眼とする所は、政教慣造の調和に在つて、現世と幽界の親和を鼓吹せんとするので有る。暗黒社会の燈台ならん事欲するのである。(『出口王仁三郎著作集第一巻』五八―五九頁、読売新聞社、一九七二年、明治三十七年に執筆)

これは、明らかに妖怪現象実在論的な方向でのポスト円了妖怪学を志向している。この点では、出口王仁三郎ほどの実在論的思考はなかったものの、明治第三世代の最後の世代と言える柳田國男も共通点があった。柳田國男は明治三十八年(一九〇五年)に行った講演記録「幽冥談」の中で次のように述べている。

僕は井上円了さんなどに対しては徹頭徹尾反対の意を表せざるを得ないのである。(中

略）

井上円了さんなどは色々の理窟をつけているけれども、それは恐らく未来に改良さるべき学説であって、一方の不可思議説は百年二百年の後までも残るものであろうと思う。（「幽冥談」「新古文林」明治三十八年九月、『柳田國男集　幽冥談』ちくま文庫）

また、戦後、昭和三十四年（一九五九年）に刊行した『妖怪談義』「自序」には次のように記している。

どうして今頃この様な本を出すのかと、不審に思つてくださる人のために、言つて置きたいことが幾つかあります。第一にはこれが私の最初の疑問、問へば必ず誰かゞ説明してくれるものと、あてにして居たことの最初の失望でもあつた事であります。私の二親は幸ひに、あの時代の田舎者の常として、頭から抑へ付けようともせず、又笑ひに紛らしてしまはうともしませんでした。ちやうど後年の井上円了さんなどとは反対に、「私たちにもまだ本たうはわからぬのだ。気を付けて居たら今に少しづゝ、わかつて来るかも知れぬ」と答へて、その代りに幾つかの似よつた話を聴かせられました。平田（篤胤）先生の古今妖魅考を読んだのは、まだ少年の時代のことでしたが、あれではお寺の人たちが承知せぬだらうと思つて、更に幾つもの天狗、狗賓に関する実話といふものを、聴き集めて置かうと心がけました。(『定本　柳田國男集』第四巻、二五七頁、筑摩書房)

柳田國男が幼少期から、父親の影響もあり、平田篤胤の『古今妖魅考』を読み解き、長じては井上円了の『妖怪学講義』を批判的に読んでいたことが明らかである。柳田の場合も円了的な合理性に収まり切らない不合理や非合理や「わからなさ——不思議」に、円了とも出口王仁三郎とも異なるもう一つのアプローチを仕掛けた。それが柳田の妖怪研究や民俗学となっていった。柳田は『妖怪談義』の序文において、民俗学的な妖怪研究の目的を次のように締めくくる。

我々の畏怖といふものゝ、最も原始的な形はどんなものだつたらうか。何が如何なる経路を通つて、複雑なる人間の誤りや戯れと、結合することになつたでせうか。幸か不幸か隣の大国から、久しきに亙つてさまざまの文化を借りて居りましたけれども、それだけではまだ日本の天狗や川童、又は幽霊などといふものゝ本質を、解説することは出来ぬやうに思ひます。国が自ら識《し》る能力を具《そな》へる日を、気永く待つて居るより他は無いやうでありませす。(同、二六〇頁)

柳田國男は日本人が抱いてきた「畏怖」の「最も原始的な形」を探るときに、「妖怪」という回路を辿ることでそこに至ろうとした。この柳田の戦略はなかなか奥深く、巧妙で、小松和彦らの現在の妖怪研究にまでつながり、梅原猛の「怨霊」研究とともに日本文化研究の重要な一領域ともなっている。

宮沢賢治の妖怪物語

それでは、このような同時代の「妖怪学」的探究に刺激されて表出されていく宮沢賢治の「妖怪物語」とはいかなるものか、見ていくことにしよう。宮沢賢治が見霊者的な資質を持っていたことはいくつかの証拠がある。花巻農学校の教え子もそのことを語り、賢治自身の書いたものの中にもその様子がうかがわれる。

賢治にとって、妖怪とはこの世における不意の「出現」という気配と構造がある。どこか、世界の破れ目からまったく異質な存在や世界が現われ出るある種の異様と異変。賢治の妖怪物語はそのような世界存在論として物語化されている。

その構造と特性がもっとも顕著に表われている作品が、「ざしき童子のはなし」と「ペンネンネンネンネン・ネネムの日記」である。「ざしき童子のはなし」は、大正十五年（一九二六年）の『月曜』二月号に掲載された。この雑誌は、宮城県出身の詩人尾形亀之助が主宰していた文芸雑誌で、賢治はこの『月曜』の創刊号（一九二六年一月刊）に「オッベルと象」、二月号に「ざしき童子のはなし」、三月号に「猫の事務所」の三篇の童話を発表している。連載のように創刊号から第三号まで毎月一篇の童話を寄稿したことは大変珍しいことで、賢治はこの時、花巻農学校の教諭を辞職する直前だった。賢治は、同年三月三十一日に依願退職した。

この「ざしき童子のはなし」には「ざしき童子」の出現事例が四例示されている。まず第一例は次のように語られる。

ぼくらの方の、ざしき童子《ぼっこ》のはなしです。

あかるいひるま、みんなが山へはたらきに出て、こどもがふたり、庭であそんで居りました。大きな家にたれも居りませんでしたから、そこらはしんとしてゐます。

ところが家の、どこかのざしきで、ざわつざわつと箒《ほうき》の音がしたのです。

ふたりのこどもは、おたがひ肩にしつかりと手を組みあって、こつそり行つてみましたが、どのざしきにもたれも居ず、刀の箱もひつそりとして、かきねの檜が、いよいよ青く見えるきり、たれもどこにも居ませんでした。

ざわつざわつと箒の音がきこえます〔。〕

とほくの百舌《もず》の声なのか、北上川の瀬の音か、どこかで豆を箕《み》にかけるのか、ふたりでいろいろ考へながら、だまつて聴いてみましたが、やつぱりどれでもないやうでした。たしかにどこかで、ざわつざわつと箒の音がきこえたのです。

も一どこつそり、ざしきをのぞいてみましたが、どのざしきにもたれも居ず、たゞお日さまの光ばかり、そこらいちめん、あかるく降つて居りました。

こんなのがざしき童子です。（『新校本 宮澤賢治全集』第十二巻、一七〇頁、筑摩書房）

子どもたちが大きな家の庭などで遊んでいる時、突然誰もいない家の中の座敷で「ざわっざわっ」と箒で掃く音が聴こえる。家の中を覗いてみると、やはり誰もいない。誰もいないにもかかわらず、気配と音で存在を示す。そのような不可視の存在が「ざしき童子」である。存在と非在とのあわい。その境目に顔を出す、見えないけれども聴こえるモノ。

次に第二の事例。


「大道《だいどう》めぐり、大道めぐり」

一生けん命、かう叫びながら、ちょうど十人の子供らが、両手をつないで円くなり、ぐるぐるぐるぐる座敷のなかをまはつてゐました。どの子もみんな、そのうちのお振舞《ふるまい》によばれて来たのです。

ぐるぐるぐるぐる、まはつてあそんで居りました。

そしたらいつか、十一人になりました。

ひとりも知らない顔がなく、ひとりもおんなじ顔がなく、それでもやっぱり、どう数へても十一人だけ居りました。そのふえた一人がざしきぼつこなのだぞと、大人が出てきて云ひました。

けれどもたれが増えたのか、とにかくみんな、自分だけは、何だつてざしきぼつこでないと、一生けん命眼を張つて、きちんと座つて居りました。

こんなのがざしきぼつこです。(同、一七二頁)

子どもたちが遊んでいる。「大道めぐり、大道めぐり」と叫びながら十人の子どもがぐるぐる座敷の中を回っていた。ところが、不思議なことにいつの間にか人数が増えて十一人になっている。その一人増えた子どもがざしき童子だと大人が言うのだが、みんなは口々に、「ぼくは(わたしは)ざしき童子ではない!」と言い張る。でもたしかに、一人増えていた。それはいったい誰なのか? ここには、見えないけれども視えるモノがいる。

次に第三事例。

それからまたかういふのです。

ある大きな本家では、いつも旧の八月のはじめに、如来さまのおまつりで分家の子供らをよぶのでしたが、ある年その中の一人の子が、はしかにかかつてやすんでゐました。「如来さんの祭へ行くたい。如来さんの祭りへ行くたい」と、その子は寝てゐて、毎日毎日云ひました。

「祭延ばすから早くよくなれ」本家のおばあさんが見舞に行つて、その子の頭をなでて云ひました。

その子は九月によくなりました。

そこでみんなはよばれました。ところがほかの子供らは、いままで祭を延ばされたり、鉛の兎を見舞にとられたりしたの〔で〕、何ともおもしろくなくてたまりませんでした。あいつのために（ひどい）めにあつた。もう今日は来ても、何たつてあそばないて、と約束しました。

「お、、来たぞ、来たぞ」みんながざしきであそんでゐたとき、にはかに一人が叫びました。「ようし、かくれろ」みんなは次の、小さなざしきへかけ込みました。

そしたらどうです、そのざしきのまん中に、今やつと来たばかりの筈の、あのはしかをやんだ子が、まるつきり瘠せて青ざめて、泣きだしさうな顔をして、新らしい熊のおもちやを持つて、きちんと座つてゐたのです。

「ざしきぼつこだ」一人が叫んで遁げだしました。みんなもわあつと遁げました。ざしきぼつこは泣きました。

こんなのがざしきぼつこです。（同、一七一―一七二頁）

この事例は、子どもが増えたという話ではない。予想外のところに排除していた子どもが先回りして座っていたという事例である。子どもたちが楽しみにしていた本家で行う八月の如来祭りが延期になった。分家の一人の子どもが麻疹《はしか》になったからだ。治ったので、如来祭りが行なわれることになったが、延期されていたので、それを楽しみにしていた子どもたちは面白くない。麻疹にかかった子どもにちょっと意地悪をして、その日はその子とは遊ばないことにしようとたくらんで、その子が来たとき、一斉に隠れるために次の座敷に駆け込んだ。するとそこに、新しい熊のおもちゃを持った当のその子がきちんと座っていた。そこで、子どもたちはいっせいに「ざしきぼっこだ！」と叫んで逃げ出し、その子を一人ぼっちにさせた。「ざしきぼっこ」にされたその子は悲しくなって泣き出したという話である。

これは、子どもたちのたわいのないいたずらであり、小さないじめといえる腹いせ的なふるまいである。その子はざしき童子と言われて孤独感を味わった。ある人を指して、「あなたは鬼です」とか「妖怪です」とかと言って、自分たちとは違うことを排他的・排除的に示す論法や行為である。お化けのような存在と見られた子どもの心の傷が浮かび上がる。スケープゴートのざしき童子。

最後に、第四の事例。

また、北上川の朗妙寺の淵の渡し守が、ある日わたしに云ひました。

「旧暦八月十七日の晩に、おらは酒のんで早く寝た。おおい、おおいと向ふで呼んだ。起きて小屋から出てみたら、お月さまはちやうどおそらのてつぺんだ。おらは急いで舟だして、向ふの岸に行つてみたらば、紋付を着て刀をさし、袴をはいたきれいな子供だ。たつた一人で、白緒のざうりもはいてゐた〔。〕渡るかと云つたら、たのむと云つた。子どもは乗つた。舟がまん中ごろに来たとき、おらは見ないふりしてよく子供を見た。きちんと膝に手を置いて、そらを見ながら座つてゐた。

お前さん今からどこへ行く、どこから来たつてきいたらば、子供はかあいい声で答へた。そこの笹田のうちに、ずゐぶんながく居たけれど、もうあきたから外へ行くよ。なぜあきたねつてきいたらば、子供はだまつてわらつてゐた。どこへ行くねつてまたきいたらば更木の〔斎〕藤へ行くよと云つた。岸に着いたら子供はもう居ず、おらは小屋の入口にこしかけてゐた。夢だかなんだかわからない。けれどもきつと本統だ。それから笹田がおちぶれて、更木の斎藤では病気もすつかり直つたし、むすこも大学を終つたし、めきめき立派になつたから」

こんなのがざしき童子です。（同、一七二頁）

旧暦八月十七日の夜、北上川の朗妙寺の渡し守のところに不思議な子どもが出現した。子どもは紋付き袴で、刀を差して、白緒の草履を履いている。じつに奇妙ないでたちだ。船頭がその子にどこから来てどこへ行くのかと訊くと、笹田の家から更木の斎藤の家へ行くと言う。船が岸に着いた時には、もう子どもの姿は見えなくなっていて、そのことが本当にあったことなのか、夢だったのかもよくわからない。しかし、そのうちに、笹田の家が落ちぶれていって、次第に斎藤の家が立派になっていったから、その子どもは「ざしき童子」だったのだ、という話である。

ここでは、「ざしき童子」は家を豊かにする、子どもの姿をした富裕神・福徳神である。ギフトとしてのざしき童子。

このような「ざしき童子」の物語を、『遠野物語』の話者で、遠野村の村長をしていた佐々木喜善が賢治が書いた童話を読んで、賢治と佐々木喜善がともに死去する昭和八年（一九三三年）の前年の昭和七年の四月から五月にかけて六回も病床の賢治を訪ね、ザシキワラシの話を中心にいろいろと話を聞いた。佐々木喜善の五月二十五日の日記には「仏教の奥義」を聞いたとか、その翌々日の二十七日には六時間もの長い間話をしたと記されている。この時のことを佐々木は、「豪《えら》いですね、あの人は。豪いですね、全く豪いですね」と褒め称えたと関徳弥は「早池峰山と喜善氏」（「岩手日報」昭和八年十月二十七日付記事）に書いている。

もともと文学青年で霊視的体質を持っていた佐々木喜善は、ザシキワラシについては民俗学的研究の担い手であり、その道の専門家である。と同時に、出口ナオと出口王仁三郎が教導する大本教の熱心な信者で、宗教的世界観と運動に深い理解と関心を持っていたので、熱烈な法華経信仰を持ち、国柱会に入会所属していた賢治とは、思想信条が異なっていたとはいえ、共振共鳴するところが多々あった。昭和八年九月二十一日に賢治は満三十七歳で死去するが、その八日後の九月二十九日、賢治の後を追うかのように、佐々木喜善は満四十六歳で死去した。

『ペンネンネンネンネン・ネネムの伝記』の妖怪物語

もう一つの作品、『ペンネンネンネンネン・ネネムの伝記』は、これまで賢治童話の中で自己犠牲的な行為によって世界を救済するもっともドラマティックなストーリーを持つ『グスコーブドリの伝記』との関連性が指摘されてきた。その関連性は間違いなくあるのだが、しかし大きな点で根本的な違いがある。それは主人公が「ばけもの」であるか、「人間」であるかの違いである。

『ペンネンネンネンネン・ネネムの伝記』は冒頭部は原稿の焼失による欠落があるので、冒頭の文章を正しく特定するのは困難であるが、小倉豊文解説の角川文庫版（旧版、一九五四年初版）では次のように冒頭の梗概《こうがい》を記している。

ペンネンネンネンネン・ネネムは、ばけもの国のある森の中で生まれ、その幼年時代を妹のマミミや父母と楽しく暮らしていた。ところがある年の春、お「キレ」さまと呼ばれるその国の太陽の様子が変に変わって、気候が寒冷になってきた。

これに対して、『新校本　宮沢賢治全集』の出だしは次のようになっている。

〔冒頭原稿数枚焼失〕のでした。実際、東のそらは、お「キレ」さまの出る前に、琥珀色のビールで一杯になるのでした。ところが、そのまゝ夏になりましたが、ばけものたちはみんな騒ぎはじめました。

そのわけ〔十七字不明〕ばけもの麦も一向みのらず、大〔六字不明〕が咲いただけで一つぶも実になりませんでした。秋になっても全くその通〔七字不明〕栗の木さへ、たゞ青いいがばかり、〔八字不明〕飢饉になってしまひました。

その年は暮れましたが、次の春になりますと飢饉はもうとてもひどくなってしまひました。（『新校本 宮澤賢治全集』第八巻、三〇五頁、筑摩書房）

注意したい点は三つ。第一に、この物語の主人公の「ペンネンネンネンネン・ネネム」がばけものの国のある森（賢治の文中の言葉では「ばけもの世界」）で生まれた「ばけもの」であること。第二に、そのネネムには、一人の妹マミミがいたこと。第三に、「おキレさま」と呼ばれるばけもの世界の太陽に異変があって気候が寒冷になって飢饉が起こったこと。この三点である。

『グスコーブドリの伝記』は、この根本三設定の第一が違うだけで、後の二つ、すなわち妹ネリがいることと火山噴火などの自然現象の異変と災害が起こる点では共通の物語設定となっている。そのぶん、「ばけもの」としてのペンネンネンネンネン・ネネムの存在特性が際立つことになる。

ここで、賢治が東北大震災の年（一八九六年）に生まれ、また東北大震災が起こった年（一九三三年）に死んでいったことに注意したい。震災とともにこの世に訪れ、震災とともにあの世に去っていったのが宮沢賢治という人である。自然界の異変に誕生と死が引きずられている。そのようにも見える賢治が、自然科学や土壌学や農学や作物学を学び、東北の農民社会の中で自然災害をどう切り抜けていくかという実践的な課題意識を持つようになるのも必然であったということができる。

飢饉がひどくなる中、父と母は食べ物を探しに森や野原に行ってそのまま帰ってこなかった。「ばけもの世界の天国」に逝ってしまったのだ。そのところは次のように語られる。

ネネムのお父さん、森の中の青ばけものは、ある日頭をかゝえていつまでもいつまでも考へてゐましたが、急に起きあがって、「おれは森へ行って何かさがして来るぞ。」と云ひながら、よろよろ家を出て行きましたが、それなりもういつまで待っても帰って来ませんでした。たしかにばけもの世界の天国に、行ってしまったのでした。

ネネムのお母さんは、毎日目を光らせて、ため息ばかり吐いてゐましたが、ある日ネネムとマミミとに、「わたしは野原に行って何かさがして来るからね。」と云って、よろよろ家を出て行きましたが、やはりそれきりいつまで待っても帰って参りませんでした。たしかにお母さんもその天国に呼ばれて行ってしまったのでした。（同、三〇五―三〇六頁）

こうしてネネムとマミミの兄妹は父母を喪《うしな》い、二人きりになってしまう。だが、そんな苦難のさ中、訪れてきた二人の不審な男に騙されて妹のマミミが攫《さら》われてしまう。マミミを探したが見つからず、悲嘆に暮れたネネムは生きていくために「昆布取り」の仕事を手伝うことになる。十年間働き、それにより最後の三ヶ月で三〇〇ドルをためた。それを持って街に出ることを決心したネネムは、学問して書記になりたいと思い、ばけものの国の首都のムムネ市の大学校で偶然フゥフィーボー博士に化学を学ぶことになる。そこでフゥフィーボー博士の授業を一日受けただけだが、一番で卒業試験に合格する。その試験を受けて合格する場面は次のように描かれる。

（フゥフィーボー）先生はそれを一寸見てそれから一言か二言質問をして、それから白墨でせなかに「及」とか「落《らく》」とか「同情及」とか「退校」とか書くのでした。
　書かれる間学生はいかにもくすぐったさうに首をちゞめてゐるのでした。書かれた学生は、いかにも気がかりらしく、そっと肩をすぼめて廊下まで出て、友達に読んで貰って、よろこんだり泣いたりするのでした。ぐんぐんぐんぐん、試験がすんで、いよいよネネム一人になりました。ネネムがノートを出した時、フゥフィーボー博士は大きなあくびをやりましたので、ノートはスポリと先生に吸ひ込まれてしまひました。先生はそれを別段気にかけるでもないらしく、コクッと呑んでしまって云ひました。

「よろしい。ノートは大へんによく出来てゐる。そんなら問題を答へなさい。煙突から出るけむりには何種類あるか。」

「四種類あります。もしその種類を申しますならば、黒、白、青、無色です。」

「うん。無色の煙に気がついた所は、実にどうも偉い。そんなら形はどうであるか。」

「風のない時はたての棒、風の強い時は横の棒、その他はみゝづなどの形。あまり煙の少ない時はコルク抜きのやうにもなります。」

「よろしい。お前は今日の試験では一等だ。何か望みがあるなら云ひなさい。」

「書記になりたいのです。」（同、三一六―三一七頁）

大学校の授業でネネムが一所懸命に取ったノートはフゥフィーボー博士にすっぽり呑み込まれた。が、博士はノートはとてもよく取れていると言う。そして口頭試験問題を出す。その問題とは、煙突から出る煙の種類についての問いである。ネネムはその問いに、黒と白と青と無色の四種類があると答える。すると、無色の煙に気づいたのは実に偉いとほめられる。次に、煙の形はどうかと訊かれる。ネネムが、風のない時は縦の棒、風の強いときは横の棒、その他はミミズなどの形で、煙の少ないときはコルク抜きのようにもなると答えると、「お前は今日の試験では一等だ」とほめられ、望みを訊かれる。そこで、ネネムは「書記になりたい」と答える。だが、ネネムは「書記」になるどころか、いきなり「世界裁判長」に就任することになったのだ。

『ゲゲゲの鬼太郎』では「お化けにゃ学校も、試験も何にもない」とテーマソングで歌われるが、このばけもの世界には「大学校」があり、そこでよい成績で合格すると、いろいろな「長」になれる。この『ペンネンネンネンネン・ネネムの伝記』では、フゥフィーボー博士についての記述は、立派な「大学者」とは思えぬようなとぼけたユーモラスなものである。このような調子っぱずれも実に賢治らしくて面白い。たぶん、花巻農学校での賢治の授業もこれに似たところがあったのだろう。この「フゥフィーボー博士」の記述とこの物語世界は、賢治の死の前年の昭和七年（一九三二年）に『児童文学』第二号に発表された『グスコーブドリの伝記』の「クーボー大博士」に引き継がれて改作されることになる。

さて、「書記になりたい」と言ったネネムは、フゥフィーボー博士の紹介状を持って「世界裁判長官邸」に赴き、「世界裁判長」に会いたいと告げると、官邸の人々にいきなり「あなたが世界裁判長です」と言われ、その日から「世界裁判長」として仕事を始めることになる。このネネム世界裁判長の「裁判の方針」というものは、「ばけもの」と「人間」の世界の接続を遮断することにあった。ネネム世界裁判長は裁判方針を次のように告げる。

「はい。裁判の方針はこちらの世界の人民が向ふの世界になるべく顔を出さぬやうに致したいのでございます。」（同、三一九頁）

「こちらの世界」とはもちろん「ばけものの国」、「向こうの世界」とは人間の国である。その二つの国の接続を可能な限り抑制する。それがネネム世界裁判長の基本方針である。

こうして、ばけもの世界の裁判長になったネネムは、その日の内に三件の判決を下すのだが、大変興味深いことは最初の被告が「ざしき童子」だったことである。ここで、「ざしき童子」という岩手県の民間伝承が活かされる。次のように。

一人の検事が声高く書類を読み上げました。

「ザシキワラシ。二十二歳。アツレキ三十一年二月七日、表、日本岩手県上閉伊郡青笹村字瀬戸二十一番戸伊藤万太の宅、八畳座敷中に故なくして擅《ほしいまま》に出現して万太の長男千太、八歳を気絶せしめたる件。」

「よろしい。わかった。」とネネムの裁判長が云ひました。

「姓名年齢、その通りに相違ないか。」

「相違ありません。」

「その方はアツレキ三十一年二月七日、伊藤万太方の八畳座敷に故なくして擅に出現したることは、しかとその通りに相違ないか。」

「全く相違ありません。」

「出現後は何を致した。」

「ザシキをザワッザワッと掃いて居りました。」

「何の為に掃いたのだ。」

「風を入れる為です。」

「よろしい。その点は実に公益である。本官に於て大いに同情を呈する。しかしながらすでに妄《みだ》りに人の居ない座敷の中に出現して、箒の音を発した為に、その音に愕《おど》ろいて一寸のぞいて見た子供が気絶をしたとなれば、これは明らかな出現罪である。依って今日より七日間当ムムネ市の街路の掃除を命ずる。今後はばけもの世界長の許可なくして、妄りに向ふ側に出現することはならん。」

「かしこまりました。ありがたうございます。」

「実に名断だね。どうも実に今度の長官は偉い。」と判事たちは互にさゝやき合ひました。

ザシキワラシはおじぎをしてよろこんで引っ込みました。（同、三一六―三二〇頁）

ここでばけもの世界で使用されている「アツレキ」とはどのような暦なのか？　人間世界との不和や葛藤や仲の悪さを示す「軋轢」のダブルミーニングなのだろうか？

検事が立件起訴した「ザシキワラシ」は二十二歳で、「アツレキ三十一年二月七日」に「日本岩手県上閉伊《かみへい》郡青笹村字瀬戸二十一番戸伊藤万太の宅、八畳座敷中に故なくして擅に出現して万太の長男千太、八歳を気絶せしめた」。このザシキワラシが出現した場所の具体性。「日本岩手県上閉伊郡青笹村字瀬戸二十一番戸伊藤万太の宅、八畳座敷中」。これは現在の岩手県遠野市青笹町であるが、この青笹村は佐々木喜善が生まれ育った土淵村の隣の村である。『遠野物語』を読んでいた賢治は、そのことも踏まえてこの地名の具体性を書き込んだのか。

そのザシキワラシは何をしたかと問われると、箒で座敷を掃いていたと答える。それは何のためかとネネム世界裁判長が訊くと、「風を入れる為」とザシキワラシは答えた。その行為の動機については同情理解できるが、しかし八歳の子どもを驚かせて気絶させたのはよろしくない。それは「出現罪」に当たる。

こうして、「出現罪」の罪に問われたザシキワラシは、罰として、七日間のムムネ市の街路の掃除をすることを命じられる。するとそれは、「実に名断だね。どうも実に今度の長官は偉い」と判事たちに称賛された。そして同時に、ザシキワラシもその判決を喜んだ。この判決は今を生きる私たちから見てもリーズナブルと言えるものだ。

賢治の童話世界には、『注文の多い料理店』の冒頭に置かれた「どんぐりと山猫」で一郎が森のどんぐりたちの裁判に「名判決」を下す有名なシーンがあるが、「疑獄元兇」を含め、「裁判」とか「取り調べ」とか「判決」という場面がしばしば登場する。賢治にはいつも正義の基準に対する深く切実で鋭い問いがある。「どんぐりと山猫」における名判決は次のようなものであった。

一郎はわらつてこたへました。

「そんなら、から言ひわたしたらいゝでせう。このなかでいちばんばかで、めちやくちやで、まるでなつてゐないやうなのが、いちばんえらいとね。ぼくお説教できいたんです。」

山猫はなるほどといふふうにうなづいて、それからいかにも気取つて、繻子《しゆす》のきものゝ胸《えり》を開いて、黄いろの陣羽織をちよつと出してどんぐりどもに申しわたしました。

「よろしい。しづかにしろ。申しわたしだ。このなかで、いちばんえらくなくて、ばかで、めちやくちやで、てんでなつてゐなくて、あたまのつぶれたやうなやつが、いちばんえらいのだ。」

どんぐりは、しいんとしてしまひました。それはそれはしいんとして、堅まつてしまひました。

そこで山猫は、黒い繻子の服をぬいで、額の汗をぬぐひながら、一郎の手をとりました。別当も大よろこびで、五六ぺん、鞭をひゆうぱちつ、ひゆうぱちつ、ひゆうひゆうぱちつと鳴らしました。やまねこが言ひました。

「どうもありがたうございました。これほどのひどい裁判を、まるで一分半でかたづけてくださいました。どうかこれからわたしの裁判所の、名誉判事になつてください。これからも、葉書が行つたら、どうか来てくださいませんか。そのたびにお礼はいたします。」

（『新校本 宮澤賢治全集』第十二巻、一五―一六頁、筑摩書房）

どんぐりたちは、誰が一番「えらい」かで言い争っている。その論争は次の五つの主張の争いである。

①「頭のとがってるのがいちばんえらい」という主張
②「まるいのがえらい」という主張
③「大きなのがいちばんえらい」という主張
④「せいの高い」のが一番偉いという主張

⑤「押しっこのえらいひと」が一番偉いという主張

このことで、三日間も、「もうみんな、がやがやがやがやがや言って、なにがなんだか、まるで蜂の巣をつっついたようで、わけがわからなく」なっていた。

そこへ山猫により森に招待された一郎が、「このなかでいちばんばかで、めちゃくちゃで、まるでなっていないようなのが、いちばんえらい」という評価基準を示し、それが山猫によって判決としてどんぐりたちに告げられた。「このなかで、いちばんえらくなくて、ばかで、めちゃくちゃで、てんでなっていなくて、あたまのつぶれたようなやつが、いちばんえらい」と。

一郎と山猫の表現は少し異なっている。山猫は一郎の言葉に少し自分の表現を加えている。「いちばんえらくなくて」と「あたまのつぶれたようなやつ」という表現である。どんぐりたちは、誰が一番「えらい」のかということで収拾のつかない意見対立に陥っている。そこに、反対の「いちばんえらくないやつ」ということで反対基準、反対命題を指し示すのだ。この逆説的表現は、「善人なほもて往生をとぐ。いはんや、悪人をや」と悪人正機説を説いた『歎異抄』の親鸞の逆説的信心の表明にも通じる反転命題である。

悪人と善人とか、バカとエライとかの、一般的常識的基準の反転《メタノイア》（視点転換）を引き起こすことで、膠着状態に陥っているものの見方の転換を図り、各自が陥りがちな「慢」（自慢）の構造を打ち破る。「雨ニモマケズ」の中の有名な「デクノボー」にもそのような賢愚の反転やパラドックスがかいま見える。賢治の思考の根幹には浄土真宗的な凡夫や罪業の思想がある。それがこのような「判決」の中に顔を出している。

ネネムも一郎も周りの判事や山猫から名判決と言われ、評価される。彼らの思考の核心にあるのは、裁くことよりも、すべてを活かす道と方法の確立である。ネネム世界裁判長の第二の判決は次のように描かれる。

次に来たのは鳶《とび》色と白との粘土で顔をすっかり隈取って、口が耳まで裂けて、胸や足ははだかで、腰に厚い蓑《みの》のやうなものを巻いたばけものでした。一人の判事が書類を読みあげました。

「ウウウウエイ。三十五歳。アツレキ三十一年七月一日夜表、アフリカ、コンゴオの林中の空地に於て故なくして擅に出現、舞踏中の土地人を恐怖散乱せしめたる件。」

「よろしい、わかった。」とネネムは云ひました。

「姓名年齢その通りに相違ないか。」

「へい。その通りです。」

「その方はアツレキ三十一年七月一日夜、アフリカ、コンゴオの林中空地に於て、故なくして擅に出現、折柄月明《おりからつきあかり》によって歌舞、歓をなせる所の一群を恐怖散乱せしめたことは、しかとその通りにちがひないか。」

「全くその通りです。」

「よろしい。何の目的で出現したのだ。既に法律上故なく擅となってあるが、その方の意中を今一応尋ねやう。」

「へい。その実は、あまり面白かったもんですから。へい。どうも相済みません。あまり面白かったんで。ケロ、ケロ、ケロ、ケロロ、ケロ、ケロ。」

「控えろ。」

「へい。全くどうも相済みません。恐れ入りました。」

「うん。お前は、最明らかな出現罪である。依って明日より二十二日間、ムッセン街道の見まわりを命ずる。今後ばけもの世界長の許可なくして、妄りに向側に出現いたしてはならんぞ。」

「かしこまりました。ありがたうございます。」そのばけものも引っ込みました。

「実に名断だ。いゝ判決だね。」とみんなささやき合ひました。その時向ふの窓がガタリと開いて「どうだ、いゝ裁判長だらう。みんな感心したかい。」と云ふ声がしました。それはさっきの灰色の一メートルある顔、フゥフヰイボウ先生でした。

「ブラボオ。フゥフヰイボウ博士。ブラボオ。」と判事も検事もみんな怒鳴りました。その時はもう博士の顔は消えて窓はガタンとしまりました。

そこでネネムは自分の室《へや》に帰って白いちゞれ毛のかつらを除《と》りました。それから寝ました。

あとはあしたのことです。(『新校本 宮澤賢治全集』第八巻、三二〇―三二一頁、筑摩書房)

判決を下した二人目の「ばけもの」は「ウウウウエイ」と呼ばれる「鳶色と白との粘土で顔をすっかり隈取って、口が耳まで裂けて、胸や足ははだかで、腰に厚い蓑のようなものを巻いたばけもの」であった。まるで男鹿半島のなまはげか沖縄の宮古島のパーントゥにも似たその「ばけもの」が七月一日にアフリカのコンゴの「林中空地」に突然出現し、歌舞音曲を楽しんでいた人々を驚かして「恐怖散乱せしめた」。出現理由は、人々の様子が「あまり面白かった」から、ついそれに曳かれ、浮かれてその場に出現してしまったという。

これは、「最も明らかな出現罪」であるが、しかしその判決は「明日より二十二日間、ムッセン街道の見まわりを命ずる」というもので、一種の公共ボランティア活動によって償わせるという判決であった。この判決がまた「実に名断だ。いい判決だね」と受け止められ、さらに評価を高める。

そこにフゥフィーボー博士が現われて、「どうだ、いい裁判長だろう。みんな感心したかい」

と言うと、判事も検事もみな口々に「ブラボオ。フゥフィーボー博士。ブラボオ」と喜び叫んだというのである。こうして、ネネムは信頼される「世界裁判長」として立派な判決を次々と下していく。

そのうちに、ネネム世界裁判長は「身のたけ百九十尺もある中世代の瑪瑙木《めのうぼく》」である「ばけもの世界長」への挨拶と巡視に出かけた。その巡視の途中で、「フクジロ印」の名を持つ商標マッチを押し売りしている「怖い子どものような」ばけものがいたので問い詰めると、芋づる式にその上司の親方やその親方の上司に当たる監督に行き当たり、彼らがねずみ講式に金の貸借関係を持っていて、最末端で「フクジロ印」の強引な押し売りまがいの振る舞いをしていることがわかった。そこで、ネネムは次のような判決を下す。

「よろしい。もうわかった。お前がたに云ひ渡す。これは順ぐりに悪いことがたまって来てゐるのだ。百年も二百年もの前に貸した金の利息を、そんなハイカラななりをして、毎日ついてあるいてとるといふことは、けしからん。殊にそれが三十人も続いてゐるといふのは実にいけないことだ。おまへたちはあくびをしたりゐねむりをしたりしながら毎日を暮して食事の時間だけすぐ近くの料理屋にはいる、それから急いで出て来て前の者がまだあまり遠くへ行ってゐないのを見てやっと安心するなんといふ実にどうも不届きだ。それからおれがもうけるんぢゃないと云ふので、悪いことをぐんぐんやるのもあまりよくない。だからみんな悪い。みんなを罪にしなければならない。けれどもそれではあんまりかあいさうだから、どうだ、みんな一ぺんに今の仕事をやめてしまへ。そこでフクジロはおれがどこかの玩具の工場の小さな室で、たゞ一人仕事をして、時々お菓子でもたべられるやうにしてやらう。あとのものはみんな頑丈さうだから自分で勝手に仕事をさがせ。もしどうしても自分でさがせなかったらおれの所に相談に来い。」

「かしこまりました。ありがたうございます。」みんなはフクジロをのこして赤山のやうな人をわけてちりぢりに逃げてしまひました。そこでネネムは一人の検事をつけてフクジロを張子の虎をこさへる工場へ送りました。

見物人はよろこんで、

「えらい裁判長だ。えらい裁判長だ。」とときの声をあげました。(同、三二八頁)

つまりは、押し売りまがいの悪徳商法の全体構造を見破り、それを止めさせ、ついには「フクジロ印」の押し売りをするばけものを「張子の虎をこさえる工場」の労働者に就職斡旋して問題解決を図ったのである。そこで、その様子を見ていた「見物人」たちは、「えらい裁判長だ。えらい裁判長だ」と喜んで、鬨《とき》の声を上げた。

このようにして、ネネム世界裁判長の名声は高まり、とうとう「名判官だ、ダニーさまの再来だ、いやダニーさまの発達だ」と褒め称えられるまでになり、「フゥフィーボー博士のほかに、誰も決して喰べてならない藁のオムレツ」まで食べられるようになった。

しかし、ネネム世界裁判長の心は充たされない。攫《さら》われた妹マミミのことが気がかりで、忘れられないからだ。ところが終《つい》に、ネネムは妹の手がかりを掴む。マミミは「ばけもの奇術師」のテジマアのところで働かされていたのだ。ネネムは奇術師の舞台でマミミを見つけて思わず叫んだ。

ペンネンネンネンネン・ネネムはその女の子の顔をじっと見ました。たしかにたしかにそれこそは妹のペンネンネンネンネン・マミミだったのです。ネネムはたうたう堪え兼ねて高く叫びました。

「マミミ。マミミ。おれだよ。ネネムだよ。」

女の子はぎょっとしたやうにネネムの方を見ました。それから何か叫んだやうでしたが声がかすれてこっちまで届きませんでした。ネネムは又叫びました。

「おれだ。ネネムだ。」

マミミはまるで頭から足から火がついたやうにはねあがって舞台から飛び下りやうとし

ましたら、黒い助手のばけものどもが麦をなげるのをやめてばらばら走って来てしっかりと押へました。

「マミミ。おれだ。ネネムだよ。」ネネムは舞台へはねあがりました。

幕のうしろからさっきのテヂマアが黄色なゆるいガウンのやうなものを着ていかにも落ち着いて出て参りました。

「さわがしいな。どうしたんだ。はてな。このお方はどうして舞台へおあがりになったのかな。」

ネネムはその顔をじっと見ました。それこそはあの飢饉の年マミミをさらった黒い男でした。

「黙れ。忘れたか。おれはあの飢饉の年の森の中の子供だぞ。そしておれは今は世界裁判長だぞ。」

「それは大へんよろしい。それだからわしもあの時男の子は強いし大丈夫だと云ったのだ。女の子の方は見ろ。この位立派になってゐる。もうスタアと云ふものになってるぞ。お前も裁判長ならよく裁判して礼をよこせ。」

「しかしお前は何故しんこ細工を興業するか。」

「いや。いやいやややや。それは実に野蛮の遺風だな。この世界がまだなめくぢでできてゐるたころの遺風だ。」

「するとお前の処ぢゃしんこ細工の興業はやらんな。」

「勿論さ。おれのとこのはみんな美学にかなってゐる。」

「いや。お前は偉い。それではマミミを返して呉れ。」

「いゝとも。連れて行きなさい。けれども本人が望みならまた寄越して呉れ。」

「うん。」

どうです。たうたうこんな変なことになりました。これといふのもテヂマアのばけものの格が高いからです。

とにかくそこでペンネンネンネンネン・ネネムはすっかり安心しました。（同、三三六―三三七頁）

このように、妹とは再会できたのだが、その後、妹についての記述はまったくなく、事態は最終局面に至ることになる。

ある天気の良い日曜日、ネネムは三十人の部下を連れて出かけた。丘の上にはクラレと呼ばれる百合のような白い花が一面に咲き誇っていた。この時、ネネムが「どうだい。いい天気じゃないか。ここへ来て見るとわれわれの世界もずいぶんしずかだね」と言うと、部下の判事や検事たちは、最近は噴火も地震もなく快晴が続いていると答えた。続けて、「しかし昨日サンムトリが大分鳴った」と言うと、「サンムトリというのはあれですか」と二番目に偉い判事が「青く光る三角な山」を指差した。

そのとき、ネネム世界裁判長は、「僕の計算によると、どうしても近いうちに噴き出さないといかんのだがな。何せ、サンムトリの底の瓦斯《ガス》の圧力が九十億気圧以上になってるんだ。それにサンムトリの一番弱い所は、八十億気圧にしか耐えない筈なんだ。それに噴火をやらんというのはおかしいじゃないか。僕の計算にまちがいがあるとはどうもそう思えんね」と言った途端、「サンムトリの青い光がぐらぐらっとゆれ」て、「忽《たちま》ち山が水瓜《すいか》を割ったようにまっ二つに開き、黄色や褐色の煙がぷうっと高く高く噴きあげ」た、「黄金色《きんいろ》の熔岩がきらきらきらと流れ出して見る間にずっと扇形にひろが」ったのである。

それを見て、みんなは「ああやったやった」と叫び、ネネムも「やったやった。とうとう噴いた」と言った。その時の様子を賢治は次のように描写している。

「やったやった。たうたう噴《ふ》いた。」

とペンネンネンネンネン・ネネムはけだかい紺青《こんじやう》色にかゞやいてしづかに云ひました。

その時はじめて地面がぐらぐらぐらぐら、波のやうにゆれ

「ガーン、ドロドロドロドロドロドロ、ノンノンノンノンノン。」と耳もやぶれるばかりの音がやって来ました。それから風がどうっと吹いて行って忽ちサンムトリの煙は向ふの方へ曲り空はますます青くクラレの花はさんさんとかがやきました。上席判事が言ひました。

「裁判長はどうも実に偉い。今や地殻までが裁判長の神聖な裁断に服するのだ。」

二番目の判事が言ひました。

「実にペンネンネンネンネン・ネネム裁判長は超怪である。私はニイチャの哲学が恐らくは裁判長から暗示を受けてゐるものであることを主張する。」

みんなが一度に叫びました。

「ブラボオ、ネネム裁判長。ブラボオ、ネネム裁判長。」

ネネムはしずかに笑って居りました。その得意な顔はまるで青空よりもかゞやき、上等の瑠璃よりも冴えました。それればかりでなく、みんなのブラボオの声は高く天地にひゞき、地殻がノンノンノンノンとゆれ、やがてその波がサンムトリに届いたころ、サンムトリがその影響を受けて火〔柱〕高く第二回の爆発をやりました。

「ガーン、ドロドロドロドロ、ノンノンノンノン。」

それから風がどうっと吹いて行って、火山弾や熱い灰やすべてあぶないものがこの立派なネネムの方に落ちて来ないやうに山の向ふの方へ追ひ払ったのでした。ネネムはこの時は正によろこびの絶頂でした。とうとう立ちあがって高く歌ひました。

「おれは昔は森の中の昆布取り、
その昆布網が空にひろがったとき
風の中のふかやさめがつきあたり
おれの手がぐらぐらとゆれたのだ。

おれはフウフィーヴォ博士の弟子
博士はおれの出した筆記帳を
あくびと一しょにスポリと呑みこんだ。
それから博士は窓から飛んで出た。

おれはむかし奇術師のテヂマアに
おれの妹をさらわれてゐた。
その奇術師のテヂマアのところで
おれの妹はスタアになってゐた。

いまではおれは勲章が百ダアス
蘽のオムレツももうたべあきた。
おれの裁断には地殻も服する
サンムトリさへ西瓜《すいか》のやうに割れたのだ。」（同、三三九―三四一頁）

これが『ペンネンネンネンネン・ネネム』の物語のハイライトである。ここで賢治は、ニーチェ（ここでの表記では「ニィチャ」）の「超人」思想にも影響を与えたという「超怪」ネネムの「絶頂」をオノマトペや詩（歌）を使ってユーモラスに描く。ネネムは「サンムトリ（サントリーニ）」の火山の爆発まで正確に当てることができた。ネネムは、「今や地殻までが裁判長の神聖な裁断に服する」までに「偉い」のだ。これほどの名裁判長はいない。

ネネムは自分のこれまでの人生を四行四連の詩にして歌った。昆布取りだった森のみなし子がフゥフィーボー博士の弟子となって出世し、世界裁判長となって「地殻も服する」までの権威を持ち、妹とも再会できた。こうして、「ばけものの国」最高最大の名士としてネネム世界裁判長は君臨し、名声を得たのである。

だが、この得意満面の絶頂の瞬間にネネム名裁判長は人生最大の失敗を仕出かす。ふいに足を人間世界に踏み外したのだ。喜びのあまり、踊り歌って騒いでいるうちに、サンムトリ火山は四度目の爆発をした。その時、勢い余ってネネム世界裁判長は足を踏み外してネパールとチベットの国境付近の峠に「出現」してしまったのである。

フィーガロ、フィガロト、フィガロット。
〔ブ〕ラボオ、ペン、ネンネンネンネン・ネネム
ブラボオ、ペン、ペンペンペンペン・ペネム。

おれたちの叫び声は地面をゆすり
その波は一分に二十五ノット
サンムトリの熱い岩漿《がんしょう》にとゞいて
とうとうも一度爆発をやった。
フィーガロ、フィガロト、フィガロット。
フィーガロ、フィガロト、フィガロット。
ネネムは踊ってあばれてどなって笑ってはせまはりました。
その時どうしたはづみか、足が少し悪い方へそれました。
悪い方といふのはクラレの花の咲いたばけもの世界の野原の一寸《ちよつと》うしろのあたり、うし

ろと言ふよりは少し前の方でそれは人間の世界なのでした。
「あっ。裁判長がしくじった。」
と誰かゞけたゝましく叫んでいるやうでしたが、ネネムはもう頭がカアンと鳴ったまゝま
っ黒なガツガツした岩の上に立ってゐました。
すぐ前には本当に夢のやうな細い細い路が灰色の苔の中をふらふらと通ってゐるのでし
た。そらがまっ白でずうっと高く、うしろの方はけはしい坂で、それも間もなくいちめん
のまっ白な雲の中に消えてゐました。
どこにたった今歌っていたあのばけもの世界のクラレの花の咲いた野原があったでせう。
実にそれはネパールの国からチベットへ入る峠の頂だったのです。
ネネムのすぐ前に三本の竿が立ってその上に細長い紐のようなぼろ切れが沢山結び付け
られ、風にパタパタパタパタ鳴ってゐました。
ネネムはそれを見て思はずぞっとしました。
それこそはたびたび聞いた西蔵《チベット》の魔除けの幡《はた》なのでした。ネネムは逃げ出しました。ま
っ黒なけはしい岩の峯の上をどこまでもどこまでも逃げました。
ところがすぐ向ふから二人の巡礼が細い声で歌を歌ひながらやって参ります。ネネムは
あわてゝバタバタバタバタもがきました。何とかして早くばけもの世界に戻らうとしたの

です。

巡礼たちは早くもネネムを見つけました。そしてびっくりして地にひれふして何だかわけのわからない呪文をとなへ出しました。

ネネムはまるでからだがしびれて来ました。そしてだんだん気が遠くなってとうとうガーンと気絶してしまひました。

ガーン。（同、三四二―三四五頁）

絶頂の瞬間に崩壊が始まっている。賢治の描き出す世界はパラドクシカルだ。幸と不幸があざなえる縄の如くにやってくる。


それからしばらくたってネネムはすぐ耳のところで
「裁判長。裁判長。しっかりなさい。裁判長。」といふ声を聞きました。おどろいて眼を明いて見るとそこはさっきのクラレの野原でした。

三十人の部下たちがまはりに集まって実に心配さうにしてゐます。

「ああ僕はどうしたんだらう。」

「只今空から落ちておいでゞございました。ご気分はいかゞですか。」

上席判事が尋ねました。

「あゝ、ありがたう。もうどうもない。しかしとうとう僕は出現してしまった。僕は今日は自分を裁判しなければならない。

あゝ僕は辞職しよう。それからあしたから百日、ばけものの大学校の掃除をしよう。あゝ、何もかにもおしまひだ。」

ネネムは思はず泣きました。三十人の部下も一緒に大声で泣きました。その声はノンノンノンノンノンと地面に波をたて、それが向ふのサンムトリに届いたころサンムトリが赤い火柱をあげて第五回の爆発をやりました。

「ガアン、ドロドロドロドロドロ。」

風がどっと吹いて折れたクラレの花がプルプルとゆれました。〔以下原稿なし〕

ネネム世界裁判長が足を踏み外して人間界に出現したとき、向こうから二人の巡礼者が歌を歌いながらやってきて、ネネムに気づき、慌てて呪文を唱えた。それによりネネムは体が痺れて気絶してしまう。「裁判長、裁判長」という声に気づいて目が覚めると、元のクラレの野原にいて、三十人の部下の判事や検事たちに見守られていたのだが、人生最初にして最大の不覚にネネムは泣いた。

ネネムは自分に判決を下す。辞職して百日間ばけもの大学校の掃除をするという判決を。そして、「ああ、何もかにもおしまいだ」と言って泣いた。その泣き声がサンムトリに届いて、火山は五回目の爆発をした。未完の童話『ペンネンネンネンネン・ネネムの伝記』のその後の原稿は失われているので、どのような結末を迎えるのかわからない。

小倉豊文解説の旧版角川文庫『セロ弾きのゴーシュ・グスコーブドリの伝記』本では、賢治の弟の宮沢清六の記憶では失われた第六章があり、ネネムが世界裁判長を辞任した後、太陽に「黒い棘《とげ》」がたくさんできて気候が寒冷化したためにネネムがその黒い棘を取りに旅立つことが記されていたという。

『ペンネンネンネンネン・ネネムの伝記』の結末がどうであったかは定かではない。しかし、明確なことはネネムが「ばけもの」であったこと。そして、ばけもの世界に「おキレさま」の異変によって「飢饉」が起こったことである。この「飢饉」によってばけもの家族のネネム一家が解体してしまった。その中で、昆布取りの厳しい労働の中で向学心を喪《うしな》わなかったネネムが、勉学の機会を得て、フゥフィーボー博士の一日弟子となり、ばけもの世界裁判長に就任した。その得意絶頂のときに「出現罪」を犯してネネムは地位と名声を失なう。そのさまをユーモラスな戯画的な筆致で描いてはいるが、事態は深刻で厳しいものがある。

賢治はこの童話を花巻農学校の教諭を務めていた大正十一年（一九二二年）に書いたという。

とすれば、大正十二年九月一日に起こった関東大震災の前に書いたということである。だからというわけではないが、この童話には賢治が感得していたカタストロフィの予感が漂っていて、心底ユーモラスというわけではない。むしろ、諧謔や風刺や自己処罰的気分が濃厚な作品で、全体に重いトーンがある。あれほど待ち望んだ妹との再会もそれほど幸せそうにはみえない。そして、結末が欠落しているとはいえ、最後の方で「ああ、何もかにもおしまいだ」と言ってネネムは嘆く。

見田宗介は『宮沢賢治――存在の祭りの中へ』（岩波書店、一九八四年）の中で、この童話に触れて、「ザシキワラシのしたことは行為としては善行である。ウウウウエイの行為もいわば天心のふるまいである。善行や天心がなぜ罪になるか。それはかれらの存在じたいが、その異形性ゆえにひとびとに恐怖を与えてしまうからである。／出現罪とは、行為の罪でなく存在の罪である。心やさしいバケモノたちは、自分たちがまちがって存在してしまうことのないように、人間たちのしらないところで自分たちを裁いているのである」と述べている。「ばけもの」であるザシキワラシもウウウウエイも行為としては「善行」であり、「天心のふるまい」であるので、それは「行為の罪」ではなく、存在自体が異形性ゆえに恐怖を与えてしまう「存在の罪」であるという。

だが、「出現罪」とは、所属する世界を越境して他世界に侵入してしまったという「家宅侵入罪」のような「他世界侵入罪」という「行為の罪」ではないだろうか。とすれば、「出現罪」はやはり「行為の罪」である。

しかしここで、賢治が持ち続けた天台の十界互具思想を想い起こしてみよう。それによると、存在世界は十の層位から成り立っていた。地獄から仏までの十の存在層位世界で、仏や菩薩はその世界を往来して教化と救済に邁進する存在である。もし「ばけもの」をその中に位置づけたとすればどうなるか。人間界より下層に位置するとされる地獄・餓鬼・畜生・修羅に近い層位の住民ということになるだろう。「ばけもの」は自分たちのいる「ばけもの世界」に引き籠っていなければならない。そこから出ることはタブーであり、罪である。とすれば、見田が言うように、「ばけもの」という存在性の「存在の罪」も科せられていると見ることができる。

では、その「罪」はどのようにして救済できるのか？

『ペンネンネンネンネン・ネネムの伝記』では、救済のモチーフは示されることがなく、むしろ、「なにもかにもがおしまいだ」という終末のモチーフで終わっている。小倉豊文が指摘しているように、賢治はその終わりの先を物語ろうとしていたかもしれない。太陽にできた黒い棘のせいで寒冷化した世界を救うためにネネムは旅立とうとしていたかもしれない。

だが明確にネネムが救済に向かうためには、ばけもの世界のリアリティとは別の志向性を持つ人間世界のリアリティを持つ作品を必要とする。こうして、『ペンネンネンネンネン・ネネムの伝記』は換骨奪胎されて『グスコーブドリの伝記』となる。ペンネンネンネンネン・ネネムは英雄に成り損なった未完の英雄であるが、グスコーブドリは破滅していく世界を救う自己犠牲的な英雄となる。飢饉や災害に見舞われ続けた農民世界の苦悩の中で、「まことのさいわひ」という救済と解放を求め続けた宮沢ジョバンニ・グスコーブドリ賢治は、「ほんたうのすきとほつたたべもの」を提示するために『ペンネンネンネンネン・ネネムの伝記』から『グスコーブドリの伝記』への跳躍を必要としたのだ。そしてそれは、妖怪世界物語から人間世界物語への「出現罪」の贖罪でもあったといえよう。

南方熊楠の妖怪民俗学

賢治が「ばけもの」の物語世界を彷徨《さまよ》い、その果てに『銀河鉄道の夜』や『グスコーブドリの伝記』に行き着いた頃、熊楠はさまざまな妖怪物語の民俗学的伝承を収集したり、考証したりしていた。

たとえば、賢治が『ペンネンネンネンネン・ネネムの伝記』を書いた大正十一年（一九二二年）六月から同十二年二月に刊行された『土の鈴』第十三〜第十七輯に「巨樹の翁の話」を連載していたが、その中で、「佐々木喜善君が書かれた近江の栗の大木の話」とか、「佐々木君が引いた『東奥古伝』にある説に言うとて挙げた話」とかを引用しつつ「妖怪が妖怪を滅ぼす法を洩らした話」について考察を進めている。賢治はもちろん、『遠野物語』の話者である、花巻と近い遠野の佐々木喜善のことは知っていた。

「巨樹の翁の話」は次のような熊楠の父祖の地の伝承から始まる。

紀州日高郡上山路村大字丹生川の西面導氏より大正九年に聞いたは、同郡竜神村小又川の二不思議なることあり。その地に西のコウ、東のコウとて谷二つあり。西のコウに滝あり、その下にオエガウラ淵あり。むかしこの淵にコサメ小女郎という怪あり。何百年経しとも知れぬ大きな小サメあって美女に化け、ホタ（薪）山へ往く者、淵辺へ来るを見れば、オエゴウラ（一所に泳ぐべし）と勧め水中で殺して食う。ある時小四郎なる男に逢って、運の尽きにや、七年通スの鵜《う》をマキの手ダイをもって入れたらわれも叶わぬと泄《もら》した。小四郎その通りして淵を探るに、魚大きなゆえ鵜の口で噉《くわ》ゆるあたわず、嘴《くちばし》もてその眼を抉《えぐ》る。翌日大きなコサメが死んで浮き上がる。その腹を剖《さ》くとキザミナタ七本あり。樵夫が腰に挿したまま呑まれ、その身溶けて鉈のみ残ったと知れた、と。（『南方熊楠全集』第二巻、三八頁）

この論考の題目は「巨樹の翁の話」だが、冒頭の民間伝承はそのテーマとは合致しない。が、そんなことには一切頓着せず、熊楠は日高郡の西面導から聞いた話として、「西のコウ」と呼ばれる谷にかかる滝の下にある「オエガウラ淵」に住む「コサメ小女郎」という「怪」についての伝承を記す。この「小サメ（アメノ魚）」は何百年経っているかわからないほど古く大きなサメで、「美女」に化けて、「ホタ山」に往く者に一緒に泳ごうと声をかけて水に入らせて水中で殺して食うという妖怪である。

その妖怪が、あるとき「小四郎」という男に会って自分の弱点を洩らした。七年通しの鵜をマキの手たいまつを持って水の中に入れたら自分も敵《かな》わないというので、その通りにしたら、魚が大きいので鵜はコサメを呑み込めず、嘴でコサメの目を突いて抉った。翌朝、オエガウラ淵を確認してみると、大きなコサメが死んで浮いていた。そこで腹を裂いてみると、その中に木こりが樹を伐る時に用いる鉈が七本入っていた。つまり、コサメは七人の木こりを呑み込んだが、木こりは腹の中で溶けてしまい、鉄でできた鉈だけがコサメの腹の中に残っていたのだった。そのような話である。

この何百歳かのコサメは変身する能力を持っている。つまり、「お化け」もしくは「化け物」である。熊楠はこの妖怪譚を「巨樹の翁の話」の枕に持ってきて、次の「東のコウ」に伝わる「不思議」譚で、いよいよ巨樹の伝承を取り上げるのだ。

第二の不思議というは、東のコウ（谷）のセキ（谷奥で行き尽きるところ）に大ジャという地に、古え数千年の大欅《けやき》あり。性根のある木ゆえ切られぬと言うたが、ある時やむをえずこれを伐るに決し、一人の組親《くみおや》に命ずると八人して伐ることに定めた。カシキ（炊夫）と合して九人その辺に小屋がけして伐ると、樹まさに倒れんとする前に一同たちまち空腹で疲れ忍ぶべからず。切り果たさずに帰り、翌日往き見れば切疵《きりきず》もとのごとく合いあり。二日ほど続いてかくのごとし。夜往き見ると、坊主一人来たり、木の切屑を一々拾うて、これはここ、それはそこと継ぎ合わす。よって夜通し伐らんと謀《はか》れど事協《かな》わず。一人発議して屑片《こっぱ》を焼き尽すに、坊主もその上は継ぎ合わすことならず、翌日往き見るに樹は倒れかかりてあり。ついに倒しおわり、その夜山小屋で大酒宴の末酔い臥す。

夜中に炊夫寤《さ》めて見れば、坊主一人戸を開いて入り来たり、臥したる人々の蒲団を一々まくり、コイツは組親か、コイツは次の奴かと言うて手を突き出す。さてコイツはカシキ（炊夫）か、置いてやれと言うて失せ去る。翌朝、炊夫朝飯を調え呼べど応ぜず、一同死しおったので、かの怪僧が捻《ひね》り殺しただろうという。今に伝えてかの欅は山の大神様の立て木または遊び木であったろうという。（以上、西面氏直話、同、三九頁）

ここでは数千年を経たいわゆる縄文古木を切り倒したときに起こった異変現象としての「妖

怪」が語られている。

「大ジャ（大蛇か？）」というゝ地名のところに樹齢数千年の「大欅」があった。それは「性根（霊性）」がある木なので伐ることができないと言われたが、あるときやむを得ずそれを伐ることが決まった。木こりの組頭を入れて八人で伐ることになったが、いざ伐り倒そうとすると、どうにも疲れて空腹となり作業ができない。そこでその日は伐り倒すことができずに小屋に帰り、翌朝現場に出て見ると、何と不思議なことに、大欅は伐り傷が元に戻っているではないか。

そんなことが二日も続いたので不審に思って、夜中に見張りをしていると、「坊主」がやってきて、木の切屑を拾ってつなぎ合わせていた。それで切り倒すことができなかったのかと合点し、次の日、切屑の破片もみな跡形もなく焼き尽くして、継ぎ接ぎできないようにした。これで坊主も継ぎ合わすことができぬだろうと翌朝現場に行ってみると、案の定、樹は倒れかかっていたので、ついに伐り倒すことができた。これでようやっとひと仕事終えることができたと喜び、木こりたちは山小屋で大酒宴をし、酔いつぶれて寝てしまった。

その夜、山小屋に坊主がやってきて、寝ている木こりたちの蒲団をいちいちめくり、次々と八人を絞め殺した。翌朝、炊事を担当する炊夫が朝ご飯を作って木こりたちを呼んでも誰も来ないので、見に行ってみるとみな死んでいた。あの「怪僧」が「捻り殺した」のだろうと推測したが、どうもこの大欅は「山の大神様の立て木または遊び木」だったのだろうとみんなは噂し合った。このような伝承である。

これは一種の「祟り」現象ともいえる。樹の精霊が坊主にとり憑いて伐られた樹を修復したり、伐り倒した人間に復讐をするという伝承である。熊楠は父祖の出自の日高郡の丹生川付近に伝わっている日高郡竜神村小又川の二つの「不思議」現象を記述することから「巨樹の翁の話」を始め、その中で、例によって横一面につながるかぎりの世界中の関連類似伝承を次から次へと羅列していく。その博覧強記自体が鬼気迫るほど網羅的な「妖怪」じみたもので、熊楠の知性のありようと執念とも言えるこだわり方をよく表わしているが、一事が万事このような流儀だから、さぞかし執筆依頼をする側もそれを読む側もその博識列記ぶりに圧倒されたことだろう。

じつは、大正十二年二月刊の『土の鈴』第十七輯には、もう一つの伝承を掲載している。それが先に引いた「妖怪が他の妖怪を滅ぼす法を洩らした話」である。そこにインドの伝承が記されているが、それは「チベットに現在する仏典中」（具体的には「一九〇六年ロンドン版、英訳シェネフネルの『西蔵諸譚』六章」）にあるものと前置き・後書きされている。

医王耆婆《いおうぎば》、ロヒタカ国に往った時、花果泉水美《うる》わしく具《そな》えた園の持主が病死し、その執着が深いので鬼となってその園に棲《す》んだ。その子家を嗣《つ》いで、園に番人を置くと鬼に殺されたから、また番人を置くとまた殺された。不祥に呆れて主人はその園は荒れはつるままに捨て置いたところが、医者どもがとても直らぬと匙を抛げた水腫患者がここへ来て、鬼に殺されたがましという量見で園中に夜を過ごし、行旅中の耆婆も同じくここで明くるを俟《ま》った。夜半に例の鬼が出て水腫患者を脅かしにかかると、水腫の病鬼が進み出で、われまずこの者を占領しおるに何とてさし出るかと詰《なじ》り、誰か山羊の毛を焼いてこの鬼を燻《ふす》ぶればよい、そうしたら十二由旬の外へ汝は逃げ去るはず、と罵った。園の持主の死霊も負けてはおらず、然《しか》いう貴様こそ、この病人に大根の種子の粉をバターで捏《こ》ねた奴を食わされたら、微塵木っ端に砕け散るはず、と罵った。静かにこの問答を聞いておった耆婆は、翌朝園主を尋ね、あんな結構な庭園をなぜ捨て置くかと問うと、怪物が毎夜出て人を殺すから、と答えた。耆婆、それは不心得だ、山羊の毛で園の隅から隅まで燻べなされ、そしたらその鬼は十二由旬の外へ飛び去って再び来ぬはずと教え、園主教えのままに行なうと、果たして鬼の害は熄《や》み、報恩として耆婆に五百金を贈ったのを、耆婆受けてその師阿提梨《アートレヤ》に送った。次に耆婆、かの水腫病人に対し、君はなぜこんな怪物臭い園におったかと問うと、巨細に病歴を述べた。耆婆、オホンそれは何でもないこと、バターで大根種の粉を捏ねて食うがよいと教え、その法を用いてたちまち平癒したので、この人また五百金をくれたのを、耆婆受けてまた師に送った。（『南方熊楠全集』第二巻、六五頁）

ここで、熊楠は以下のように述べている。美しい庭園の持ち主が死んで「鬼＝死霊」となって、次々と庭園の「番人」にとり憑いて殺されたので、主人は匙を投げ、荒れるままにしておいた。そこに「医王耆婆」が「鬼＝死霊」を退散させる方策を園の主人の「園主」に伝える。

その方策とは、山羊の毛を焼いて鬼を燻ぶるというものであった。なぜこの方策がわかったかと言えば、ある夜、医者に見放された「水腫患者」が鬼にでも殺された方がまだよいとこの庭園に来たところ、鬼が出てきて脅しにかかったが、水腫患者にとり憑いた「病鬼」が自分が先にこの患者にとり憑き占領したのにそれを奪おうとするとは何事かと怒り、鬼の退散方法を告げた。その様子を旅の途中の耆婆が聞いていた。

園主が耆婆の教えの通り実践すると、鬼の被害がまったく止んだので、園主はお礼に五百金を耆婆に贈ると、耆婆はそれを受け取って師匠のアートレヤに送金した。そして、水腫患者になぜこんな「怪物」の出回る庭園で夜を過ごしたのかと訊くと、水腫患者は詳しく病歴を伝えたので、耆婆はそれならばバターで大根種の粉をこねて食べるとよいと教え、その通りにすると病気は忽ちに治ったので、患者は五百金を耆婆に渡した。耆婆はそれを受け取ってまた師匠のアートレヤに送金したという話である。

これは、妖怪退治の方法を別の妖怪から聴き取るという伝承類型で、熊楠は例によって類話の事例を次々に列挙していく。その博捜ぶりは現代ならばコンピュータやＡＩによるビッグデータの収集と分析を思わせる。熊楠の列挙の仕方はまことにデジタル（計数的）である。その計数の連結には、分子的な理路や曼陀羅的萃点があるのだが、アウトプットされた事例の列記を読まされる読者としては、熊楠の心中とも脳内とも言える計数過程がブラックボックスになっているので、その理路のシステムが読み取れず、退屈するか、驚くばかりかだけで、思索が深まることがない。だから、そのような読み取りにおいては、熊楠は退屈である。

だが、いったん、腸内フローラのような情報のやり取りやネットワークのメカニズムがわかってきたら、この熊楠的な知の饗宴とネットワークは実にスリリングでエキサイティングなワクワクドキドキの作業と探究となる。そんな分岐点や仕掛けを熊楠は無造作に提示している。

熊楠の知性は検索的（インデクシング）であり計数的（デジタル）である。だがそれは、井上円了のようなカテゴライズする体系化には向かわない。円了は、妖怪を「物怪」と「心怪」に二分類し、妖怪現象を「自然現象・人為現象・心理現象」に分割整理し、その説明を理学・医学・純正哲学・心理学・宗教学・教育学などの学的観点から展開した。そのような井上円了的妖怪学とは異なる妖怪民俗学を、熊楠は好奇心と探索本能の赴くまま博捜していくのである。

こうして、熊楠と賢治が提起した妖怪民俗学と妖怪物語は、大正昭和の人文研究と表現世界に、変態心理学と連動するヴィヴィッドな妖怪探究として開拓され打ち込まれることになる。

終章　生態智を生きる道

天台本覚思想と二人のM・K

熊楠と賢治が、妖怪変化する世界の中で、分子生物学的な視点を内包する広大な生態学的な思考を持っていたことは、すでに見てきたとおりである。熊楠の場合、それは横一面的に拡張される空間的で博物学的な連鎖連結を帯び、賢治の場合、縦一直線に延びる時間的で進化論的な連鎖連結を帯びていた。言ってみれば、前者は分子生態博物学、後者は分子生態進化学とも言える科学的志向性を持っていたが、共通するのは分子生態学的なまなざしを密教の大日如来や法華経の久遠実成の本仏によって包摂している点である。そこではマクロとミクロが相互浸入し、金胎不二の両界（両部）曼陀羅のように統合されている。

このような部分と全体のホーリスティックな相互浸入的統合を「生態智」と呼びたい。熊楠の「萃点」も、賢治の「すきとほつたほんたうのたべもの」も、そのような「生態智」の統合的結節点である。

「生態智」とは、「自然に対する深く慎ましい畏怖・畏敬の念に基づく、暮らしの中での鋭敏な観察と経験によって練り上げられた、自然と人工との持続可能な創造的バランス維持システムの技法と知恵」であるが、熊楠の神社合祀反対運動の論理によく表わされているように、それは神社などの聖地や、霊場や、古代からのさまざまな生活文化のワザの中にも色濃く保持されてきている。

聖地や霊場は、聖なるモノの示現するヌミノーゼ的な体験（畏怖と魅惑、こわい、ステキという相反する感情を同時に生起させる体験）が引き起こされる場所であり、そこには「生態智」という知恵と力が内蔵されている。そのため、長い期間にわたり、そこでは祈りや祭りや籠りや参拝や神事やイニシエーションなどの儀礼や修行（瞑想・滝行・山岳跋渉等）が行われてきた。そのような場所は、太古の記憶を場所の記憶として蔵した、聖なるものの出現地である。

ペンネンネンネンネン・ネネムが思わず足を踏み外し「出現罪」に問われた場所は、ネパールとチベットの国境の峠であったが、それはネネムがトランス状態に入っていたときに図らずも接続した異界とのアクセスポイントであったといえる。それは、時空の破れ、時空間を異次元的に接続したり切断したりする孔であり、異界参入へのエントトランスホールである。そこは、魂を異界へと飛ばし、つなぎ、浄化し、活性化するタマフリ・タマシヅメの力を持ち、人間にとって根源的ないのちと美と聖性に関わる宇宙的調和と神話的時間を感じ取る場所である。

このような聖地・霊場は、古来、「性地」（エロス空間）にして「政地」（政治空間）であった。生命リゾートであり、生殖を含む生命力を喚起し、活性化する。それればかりか、人々の念や思いや信仰を集め、情報とエネルギーの集積回路となる「性地」としての特性を持つがゆえに、そこは常に政治的な統治や支配にとっても非常に重要な場所、ガバナンスの萃点としての「政地」となってきた。

那智の深山を経巡り、和歌の浦や神島の天然記念物の保存に執念を燃やした熊楠も、岩木山や早池峰山《はやちねさん》など修験道の霊山に登り、森の中を周遊した賢治も、そのような生命エロティシズムとガバナンスがリンクする場所に鋭敏であった。それは権力や産業がほしいままにしてはならない生命ストックであり、生態学的担保である。彼らはともに粘菌や熊や鹿の生態から人間世界を見つめかえすまなざしと身体性を持っていた。動物を擬人化するのではなく、人間を分子生態学的布置の中に置いて相対化しつつ、全体を捉えようとした。

矢野智司は『贈与と交換の教育学——漱石、賢治と純粋贈与のレッスン』(東京大学出版会、二〇〇八年)の中で、動物を人間的メタファーで捉える擬人化や擬人法に対して、その反対に、人間が動物や自然にシンクロし近づく「逆擬人化」や「逆擬人法」こそ賢治の世界であり方法であると指摘したが、『ペンネンネンネンネン・ネネムの伝記』が示しているように、それは「ばけもの」化であり、「ばけもの世界」から人間世界の変態を見ることでもあった。

大正十年に賢治が父政次郎と共に登拝した比叡山の天台教学は、安然《あんねん》以来、天台本覚論と呼ばれる思想命題を展開深化していったが、それは「煩悩即菩提《ぼんのうそくぼだい》」とか「生死即涅槃《しょうじそくねはん》」とか「草木国土悉皆成仏《そうもくこくどしっかいじょうぶつ》」とかの命題で言い表わされてきた。もちろん、賢治は安易な即の論理で反対命題を自己同一させるようなことをしたわけではない。煩悩や苦悩や生死の痛みの深さや切実さを感受し、共振共苦しつづけた。

　天台本覚論は、大乗仏教の衆生が持つ本来備わっている仏性や如来蔵思想を極限にまで深化発展させた思想で、「一仏成道観見法界、草木国土悉皆成仏」という命題で知られることになった。本来有情ではない、非情の存在者である草木も国土もみな成仏する、というよりも、本来法界において成仏している、と捉える思想が比叡山で練り上げられたのだ。

　これは、仏教本来の「人間成仏」の擬人化ではない。空海の即身成仏思想を汎生命論的に敷《ふ》衍《えん》した、究極の全存在成仏思想である。それは、悟りを求めて四諦八正道《したいはっしょうどう》など厳しい修行を積んできた仏教本来の思想と実践からすれば、ありえないほどの飛躍である。

　このような日本独特の特異な成仏思想を醸成していった思想的契機と基盤は何であったのか？　それを私は「神道」という語や概念が生まれて来る以前からある日本の神観と「草木言語」観に観る。つまり、「草木国土悉皆成仏」と命題化される天台本覚思想を支えたのが草木や国土も霊性・霊威を持つというアニミスティックな神観であった。

『古事記』の国生み神話では、日本の島々（大八島・大八州）という「国土」は、イザナキノミコトとイザナミノミコトという原父母神の性交と妊娠と出産によって産み出され、その後、石や風などの自然神も産み出されたと物語られる。そこには、「草木言語《くさきこととう》」という『古事記』や『日本書紀』や延喜式祝詞などに記されたアニミスティックな「神神習合」という日本的な神観の習合的展開があり、この「八百万の神々」として拡張された「カミ・フォルダ」の中に、最大限に拡張された天台仏教ソフトとしての「ホトケ・フォルダ」が接続されて、「草木言語」から「草木国土悉皆成仏」までの日本列島型思想イノベーションが起こった。この思想展開は、四枚のプレート（北米プレート・ユーラシアプレート・太平洋プレート・フィリピン海プレート）が十文字にぶつかり合い、重なり合う日本列島の地質風土の中では理に適った展開であったといえる。

天台本覚論は、中村元によれば、「草木のみならず山河大地一切がそのまま本有本覚（本来存するさとり）の如来」（『中村元選集第3巻　東洋人の思惟方法〈3〉日本人の思惟方法』春秋社、一九八九年）であると見、末木文美士によれば、「本覚思想においては、草木にありのままのすがたをそのまま成仏のすがたと見る」思想にほかならない（『草木成仏の思想』サンガ文庫、二〇一七年）。

山形県米沢市に多数建立されている「草木供養塔」の石碑には、「一仏成道観見法界草木国土悉皆成仏」の碑文が刻まれている。この言葉は中陰経からの引用とされるが、原本にはない。にもかかわらず、能において定型表現のように使われ一般に広がった。なぜこのような「草木国土悉皆成仏」思想が能や草木供養塔などに広まっていったかについて、天台修験道や千日回峰行の成立を考える必要がある。

安然のほぼ同時代人で十歳ほどの年長者に天台僧相応（八四一―九一八）がいる。天台宗ではこの相応が千日回峰行を始めた始祖だとする。相応が法華経「第二十常不軽菩薩品」に描かれた出逢ったすべての人々を礼拝する常不軽菩薩の行為と思想に基づいて、すべてのものに仏性を見出し（「一切衆生悉有仏性」）礼拝して回る修行として、千日回峰行を開創したとされているのである。安然は、比叡山における天台千日回峰行の初期形をなす相応の万物礼拝行に刺激されつつ、すべての存在が成仏する思想として「草木成仏」思想の確立に執心したのではないか。そこに平安期の山岳仏教の拠点であった比叡山における修行と教学の相乗作用的な深化が見て取れる。

比叡山の麓に住み、毎朝、比叡山の神仏に祝詞や祭文や神語や般若心経や各種真言などを含む神仏習合的祈りを捧げ、石笛・横笛・法螺貝などの民俗楽器四〇種類ほどを奉奏し、六〇〇回以上比叡山を上り下りする中で、私はそのように考えるようになった。比叡山を回峰しながら、朝日に照らされたこの世界のいのちや森羅万象を見ていると、そのように感受される視点と思念が生まれてくることは必然的帰結だと思える。比叡山山中を歩き、美しい琵琶湖水や山並みや植物の生育を見ていると、それらがそのまま浄土の光景に見えてくる。いのちあるものはそのままで美しく、完成されているというのは、山岳修行者の実感である。後の修験道もそのような本覚思想を受け継いだ即身成仏思想を持っている。

修験道とは、この身をもって天地自然の中に分け入り、そのエネルギーに浸され、賦活されて、天然自然の力と叡智を感受・理解し、それを有情無情の存在世界に調和的につなぎ循環させていく知恵とワザの体系と修道である。その修行と思想の核心に、「生態智」の獲得と体現がある。法螺貝を吹き鳴らす中にも生態智的交歓が観取される。

熊楠や賢治がその核心に保持していたのも、このような「草木国土悉皆成仏」のような本覚思想ではないか。熊楠ならば「粘菌成仏」、賢治ならば「なめとこ山の熊成仏」であり、「鹿《しし》踊《おどり》成仏」である。

実際、賢治は大正七年（一九一八年）五月十九日付の保阪嘉内宛書簡の中で、「一人成仏すれば三千大千世界山川草木虫魚禽獣みなともに成仏だ」と記している（『新校本 宮澤賢治全集』第十五巻、七〇頁、筑摩書房）。

それは、通常よく用いられる「一仏成道観見法界、草木国土悉皆成仏」を賢治流に翻案した言い回しである。一人が仏になれば三千大千世界のすべてが、ゆえに「山川草木・虫魚禽獣」がみな「成仏」する、と賢治は理解し表現した。また、大正七年六月二十七日付の保阪嘉内宛書簡の中で、「山川草木みな成仏する」と書いている。

あゝ不可思儀《ママ》の文字よ、不可思儀の我よ。不可思儀絶対の万象よ。

わが成仏の日は山川草木みな成仏する。山川草木すでに絶対の姿ならば我が対なく不可思議ならばそれでよささうなものですがそうではありません。実は我は絶対不可思議を超えたものであつて更にその如何なるものかと云ふ属性を与へ得ない。実に一切は絶対であり無我であり、空であり無常でありませうが然もその中には数知らぬ流転の衆生を包含するのです。

流転の中にはみぢめな私の姿をも見ます。本統《ママ》はみぢめではない。食を求めて差し出す乞食の手も実に不可思議の妙用であります。食を求めることはいやしいことか。宇宙みな食を求むるときは之はいやしい尊いを超えたことであります。おつかさんを失つて悄然と試験を受けるあなたにこの様なことを云つてすみません。

保阪さん。諸共に深正に至心に立ち上り、敬心を以て歓喜を以て　かの赤い経巻を手にとり　静にその方便品、寿量品を読み奉らうではありませんか。

南無妙法蓮華経

南無妙法蓮華経

大正七年六月二十七日（『新校本 宮澤賢治全集』第十五巻、九二―九三頁、筑摩書房）

博物学的生命主義と法華銀河生命主義

だがしかし、賢治の言う「三千大千世界山川草木虫魚禽獣みなともに成仏」「山川草木みな成仏」とか天台本覚思想の「草木国土悉皆成仏」を阻害し破壊する文明原理やガバナンスが進行したのが近代である。とりわけ、その中でも、神社合祀は阻害的壊滅的ガバナンスの典型的な政策と熊楠には映った。

だからこそ熊楠は「神社合祀に関する意見」において次のように告発した。

かくのごとく神社合祀は、第一に敬神思想を薄うし、第二、民の和融を妨げ、第三、地方の凋落を来たし、第四、人情風俗を害し、第五、愛郷心と愛国心を減じ、第六、治安、民利を損じ、第七、史蹟、古伝を亡ぼし、第八、学術上貴重の天然紀念物を滅却す。

当局はかくまで百方に大害ある合祀を奨励して、一方には愛国心、敬神思想を鼓吹し、鋭意国家の日進を謀ると称す。何ぞ下痢を停めんとて氷を喫《くら》うに異ならん。かく神社を乱合し、神職を増置増給して神道を張り国民を感化せんとの言なれど、神職多くはその人にあらず。おおむね我利我慾の徒たるは、上にしばしばいえるがごとし。国民の教化に何の効あるべき。かつそれ心底から民心を感化せしむるは、決して言筆ばかりのよくするところにあらず。支那に祭祀礼楽と言い、欧州では美術、音楽、公園、博物館、はなはだしきは裸体の画像すら縦覧せしめて、遠廻しながらひたすら一刻たりとも民の邪念を払い鬱憤を発散せしめんことに汲々たり。いずれも人心慰安、思慮清浄を求むるに不言不筆の感化力に須《ま》たざるべからざるを知悉すればなり。わが国の神社、神林、池泉は、人民の心を清澄にし、国恩のありがたきと、日本人は終始日本人として楽しんで世界に立つべき由来あるを、いかなる無学無筆の輩にまでも円悟徹底せしむる結構至極の秘密儀軌たるにあらずや。加之《しかのみならず》、人民を融和せしめ、社交を助け、勝景を保存し、史蹟を重んぜしめ、天然紀念物を保護する等、無類無数の大功あり。（中略）

結局神社合祀は、内、人民を堕落せしめ、外、他国人の指嘲を招く所以《ゆえん》なれば、このこといまだ全国に普及せざる今日、断然その中止を命じ、合祀励行で止むを得ず合祀せし諸社の跡地完全に残存するものは、事情審査の上人民の懇望あらばこれが復旧を許可し、今後新たに神社を建てんとするものあらば、容易に許可せず、十二分の注意を加うることとし、さてまことに神道興隆を謀られなんには、今日自身の給料のために多年奉祀し、衣食し来たれる神社の撲滅を謳歌欣喜するごとき弱志反覆の俗神職らに一任せず、漸をもってその人を撰み、任じ、永久の年月を寛仮し規定して、急がず、しかも怠たらしめず、五千円なり一万円なり、十万、二十万円なり、その地その民に、応分に塵より積んで山ほどの基本財産を積ましめ、徐々に神職の俸給を増し、一社たりとも古社を多く存立せしめ、口先で愛国心を唱うるを止めて、アウギュスト・コムトが望みしごとく、神職が世間一切の相談役という大任に当たり、国福を増進し、聖化を賛翼し奉ることに尽力瘂瘁《きょくすい》するよう御示導あらんことを為政当局に望むなり。

右は請願書のようなれど、小生はかかる永たらしき請願書など出すつもりなし。何とぞ愛国篤志の人士が一人たりともこれを読んでその要を摘み、効目《ききめ》のあるよう演説されんことを望む。約は博より来たるというゆえ、心中存するところ一切余さず書き綴るものなり。

（「南方熊楠全集」第七巻、五六二―五六五頁、平凡社、一九七一年）

このように、八つの合祀反対の論点を明示しつつ、同時に、その中でさらに精緻に、神社こそが「民俗学《フオルクスクンデ》の講究」の典拠であり、「わが国の曼陀羅」であり、「わが国の神社、神林、池泉は、人民の心を清澄にし、国恩のありがたきと、日本人は終始日本人として楽しんで世界に立つべき由来あるを、いかなる無学無筆の輩にまでも円悟徹底せしむる結構至極の秘密儀軌」だと喝破し、次のように「野外博物館」であることを力説し、それを守ろうとした。

熊楠は満身の怒りを込めて大言壮語し大喝する。

熊楠は帰朝後十二年紀州におり、ずいぶん少なからぬ私財を投じ、主として顕微鏡的の微細植物を集めしが、合祀のため現品が年々滅絶して生きたまま研究を続け得ず。空しく図画と解説の不十分なもののみが残存せり。ウォルフィアというは顕花植物の最微なるものなるが、台湾で洋人が採りしと聞くのみ。和歌浦辺の弁天の小祠の手水鉢より少々予見出だしたる以後見ることなし。ウォフィオシチウムなる微細の藻は多種あるが、いずれも拳螺旋状《さざいのまきかた》をなす。西牟婁郡湊村の神楽神社《かぐらのやしろ》辺の小溜水より得たるは、従来聞かざる珍種で、蝸牛《かたつむり》のごとく平面に螺旋す。かくのごとく微細生物も、手水鉢や神池の石質土質に従っていろいろと珍品奇種多きも、合祀のために一たび失われてまた見る能わざる例多し。紀州のみかかる生物絶滅が行なわるるかと言うに然らず。伊勢で始めて見出だせしホンゴウソウという奇草は、合祀で亡びんとするを村長の好意でようやく保留す。イセデンダという珍品の羊歯《しだ》は、発見地が合祀で畑にされ全滅しおわる。スジヒトツバという羊歯は、本州には伊勢の外宮にのみ残り、熊野で予が発見せしは合祀で全滅せり。

日本の誇りとすべき特異貴重の諸生物を滅し、また本島、九州、四国、琉球等の地理地質の沿革を研究するに大必要なる天然産植物の分布を攪乱雑糅《ざつじゅう》、また秩序あらざらしむるものは、主として神社の合祀なり。本多静六博士は備前摂播地方で学術上天然植物帯を考察すべき所は神社のみといわれたり。和歌山県もまた平地の天然産生物分布と生態を研究すべきは神林のみ。その神林を全滅されて、有田、日高二郡ごときは、すでに研究の地を失えるなり。本州に紀州のみが半熱帯の生物を多く産するは、大いに査察を要する必要事なり。しかるに何の惜しげなくこれを滅尽するは、科学を重んずる外国に対して恥ずべきの至りなり。あるいは天然物は神社と別なり、相当に別方法をもって保存すべしといわんか。そは金銭あり余れる米国などで初めて行なわるるべきことにて、実は前述ごとく欧米人いずれも、わが邦が手軽く神社によって何の費用なしに従来珍草奇木異様の諸生物を保存し来たれるを羨むものなり。

近く英国にも、友人バサー博士ら、人民をして土地に安着せしめんとならば、その土地の事歴と天産物に通暁せしむるを要すとて、野外博物館《フィールドミユゼウム》を諸地方に設くるの企てありと聞く。この人明治二十七年ころ日本に来たり、わが国の神池神林が非常に天産物の保存に益あるを称揚しおりたれば、名は大層ながら野外博物館とは実は本邦の神林神池の二の舞ならん。外人が鋭意して真似んともがく所以のものを、われにありては濫《みだ》りに滅却し去りて悔ゆるなからんとするは、そもそも何の意ぞ。すべて神社なき社跡は、人民これを何とも思わず、侵掠して憚《はばか》るところなし。（同、五六〇—五六二頁）

いうまでもなく、「野外博物館」とは、わが国古来の神社である。そこに古来の生命多様性の共存の叡智が宿っている。そのエコロジカルな知恵、生態智こそが、生きとし生けるものの立脚点であり、道なのだ。その神社の「感化力」は言葉を超えている。それは「言語理窟で人を説き伏せる教え」ではないのだ。つづけて熊楠は言う。

神社の人民に及ぼす感化力は、これを述べんとするに言語杜絶す。いわゆる「何事のおはしますかを知らねども有難さにぞ涙こぼるる」ものなり。似而非《えせ》神職の説教などに待つことあらず。神道は宗教に違いなきも、言語理窟で人を説き伏せる教えにあらず。（中略）古来神殿に宿して霊夢を感ぜしといい、神社に参拝して迷妄を闢《ひら》きしというは、あたかも古欧州の神社神林に詣でて、哲士も愚夫もその感化を受くること大なるを言えるに同じ。別に神主の説教を聴いて大益ありしを聞かず。真言宗の秘密儀と同じく、何の説教講釈を用いず、理論実験を要せず、ひとえに神社神林その物の存立ばかりが、すでに世道人心の化育に大益あるなり。（同、五五〇―五五一頁）

熊楠によれば、神社は密教の「秘密儀」と同じ即身成仏的な存在説法体なのだ。こうしてみると、熊楠が志向している仏教や神社（神道）は、即身成仏や草木国土悉皆成仏を謳った天台本覚思想を止揚した四次元仏教の確立と実践であり、その神社（神道）論は生態智神道を止揚した惑星神道（地球神道 Planetary Shinto）のビジョンをさし示している。

擬人法を排して、「逆擬人法」的に博物学的生命主義から人間世界を見る南方熊楠と、法華銀河生命主義から人間世界を見る宮沢賢治。どちらも人間中心主義をはるかに超え出て、草木虫魚に近づいていく。ニンゲンの目をはずせ。ヒューマンスケールを超えて世界を視ろ！　二人のM・Kが教えているのは、そんな人間の外《はず》し方だ。

こうして、草木国土悉皆成仏や粘菌成仏や鹿踊成仏や山川草木虫魚禽獣悉皆成仏を内包する南方熊楠の神社合祀反対運動と宮沢賢治の羅須地人協会とを統合止揚する新神仏習合道を練り上げていくことが、私（著者）にとっての二十一世紀の新しい生態智運動となる。

『グスコーブドリの伝記』の冒頭には「生態智」を生きる森の暮らしが描かれ、その最後はその回復と再構築の道が示されている。自然災害が多発する現代世界に必要なのは、そうした「生態智」に根差した生き方と暮らし方である。和歌山県熊野の熊楠と岩手県花巻の賢治が指し示すのはそのような地球の痛みと希望の声を聴き取る惑星的生態智を探究し体現する生き方なのである。


グスコーブドリは、イーハトーブの大きな森のなかに生《うま》れました。お父さんは、グスコーナドリという名高い木樵で、どんな巨きな木でも、まるで赤ん坊を寝かしつけるやうにわけなく伐つてしまう人でした。

ブドリにはネリといふ妹があつて、二人は毎日森で遊びました。ごしつごしつとお父さんの樹を鋸《ひ》く音が、やつと聴こえるくらゐな遠くへも行きました。二人はそこで木苺の実をとつて湧き水に漬けたり、空を向いてかはるがはる山鳩の啼《な》くまねをしたりしました。するとあちらでもこちらでも、ぽう、ぽう、と鳥が睡《ねむ》さうに鳴き出すのでした。

お母さんが、家《うち》の前の小さな畑に麦を播いているときは、二人はみちにむしろをしいて座つて、ブリキ缶で蘭の花を煮たりしました。するとこんどは、もういろいろの鳥が、二人のぱさぱさした頭の上を、まるで挨拶するやうに啼きながらざあざあざあざあ通りすぎるのでした。（中略）（『新校本 宮澤賢治全集』第十二巻、一九九頁、筑摩書房）

グスコーブドリの一家は、イーハトーヴの森の恵みの中で、森の多声に包まれ育まれて、つつましくも心豊かに暮らしていた。だが、その森に異変が起こる。

ところが六月もはじめになつて、まだ黄いろなオリザの苗や、芽を出さない樹を見ますと、ブドリはもう居ても立つてもゐられませんでした。このままで過ぎるなら、森にも野原にも、ちやうどあの年のブドリの家族のやうになる人がたくさんできるのです。ブドリはまるで物も食べずに幾晩も幾晩も考へました。ある晩ブドリは、クーボー大博士のうちを訪ねました。

「先生、気層のなかに炭酸瓦斯《ガス》が増えて来れば暖くなるのですか。」

「それはなるだらう。地球ができてからいままでの気温は、たいてい空気中の炭酸瓦斯の量できまつてゐたと云はれる位だからね。」

「カルボナード火山島が、いま爆発したら、この気候を変へる位の炭酸瓦斯を噴くでせうか。」

「それは僕も計算した。あれがいま爆発すれば、瓦斯はすぐ大循環の上層の風にまじつて地球ぜんたいを包むだらう。そして下層の空気や地表からの熱の放散を防ぎ、地球全体を平均で五度位温《あたゝか》にするだらうと思ふ。」

「先生、あれを今すぐ噴かせられないでせうか。」

「それはできるだらう。けれども、その仕事に行つたもののうち、最後の一人はどうしても遁げられないのでね。」

「先生、私にそれをやらしてください。どうか先生からペンネン先生へお許しの出るやうお詞《ことば》を下さい。」

「それはいけない。きみはまだ若いし、いまのきみの仕事に代れるものはさうはない。」

「私のやうなものは、これから沢山できます。私よりもつともつと何でもできる人が、私よりもつと立派にもつと美しく、仕事をしたり笑つたりして行くのですから。」

「その相談は僕はいかん。ペンネン技師に談《はな》したまへ。」

ブドリは帰つて来て、ペンネン技師に相談しました。技師はうなずきました。

「それはいい。けれども僕がやらう。僕は今年もう六十三なのだ。ここで死ぬなら全く本望といふものだ。」

「先生、けれどもこの仕事はまだあんまり不確かです。一ぺんうまく爆発しても間もなく瓦斯が雨にとられてしまうかもしれませんし、また何もかも思つた通りいかないかもしれません。先生が今度お出でになつてしまつては、あと何とも工夫がつかなくなると存じます。」

老技師はだまつて首を垂れてしまいました。

それから三日の後、火山局の船が、カルボナード島へ急いで行きました。そこへいくつものやぐらは建ち、電線は連結されました。

すつかり仕度ができると、ブドリはみんなを船で帰してしまつて、じぶんは一人島に残りました。

そしてその次の日、イーハトーブの人たちは、青ぞらが緑いろに濁り、日や月が銅《あかゞね》いろになつたのを見ました。

けれどもそれから三四日たちますと、気候はぐんぐん暖くなつてきて、その秋はほぼ普通の作柄になりました。そしてちやうど、このお話のはじまりのやうになる筈の、たくさんのブドリのお父さんやお母さんは、たくさんのブドリやネリといつしよに、その冬を暖いたべものと、明るい薪《たきぎ》で楽しく暮すことができたのでした。（同、二二八―二二九頁）

グスコーブドリはその異変（自然災害）を解決する道（方法・ワザ）を学ぶ。クーボー大博士から。そして、そのワザを実践する。だが、そのために自分が犠牲になるほかない。「世界がぜんたい幸福にならないうちは個人の幸福はあり得ない」（『農民芸術概論綱要』序論）からだ。

グスコーブドリは賢治が描いた理想的菩薩像である。そのグスコーブドリの自己犠牲的死の物語は賢治の死の前年に発表された。賢治は、昭和七年（一九三二年）四月に発行された『児童文学』第二号に『グスコーブドリの伝記』を発表する。

その翌年、賢治が死去した年、昭和八年（一九三三年）三月三日午前二時三〇分四八秒に岩手県釜石の東方約二〇〇キロ沖が震源となる、マグニチュード八・四と推定されている地震が発生し、甚大な被害をもたらした。今の私たちには『グスコーブドリの伝記』はその地震などの自然災害を予感しているかのようにも読めてしまう。

地震発生後の三月七日、賢治は知人の詩人大木実からのお見舞いに対して次のような返信葉書を出している。

この度はわざわざお見舞をありがたう存じます。被害は津波によるもの最《もっと》も多く海岸は実に悲惨です。私共の方野原は何ごともありません。何かにみんなで折角春を待っている次第です。まづは取り急ぎお礼乍《なが》ら。

共感共苦の人・賢治がどのような苦悩の中にいたか。だが、「海岸は実に悲惨です」と書いた賢治の病状も「実に悲惨」な状態であった。ふり返ってみると、『注文の多い料理店』も、『春の修羅』も、ともに大正十三年（一九二四年）に自費出版されている。それらの二冊が大正十二年（一九二三年）九月一日に起きた関東大震災で苦しんでいる人たちに向けて、「すきとほつたほんたうのたべもの」になることを願って発信されたと考えるのは、考えすぎだろうか。

昭和八年（一九三三年）の九月二十一日、一人のM・K宮沢賢治は強い思いを残しながら、満三十七歳の若さでこの世を去った。

そして、もう一人のM・K南方熊楠は、その八年後、昭和十六年（一九四一年）十二月二十九日に満七十四歳でこの世を去っていった。

二人のＭ・Ｋが遺したメッセージを、「如是我聞」、私はかく（本書）の如く聞いた。

引用・参考文献

『南方熊楠全集』全十巻、平凡社、一九七〇―一九七二年
『南方熊楠日記』全四巻、八坂書房、一九八八年
『南方熊楠　土宜法龍　往復書簡』飯倉照平・長谷川興蔵編、八坂書房、一九九〇年
『高山寺蔵　南方熊楠書翰　土宜法龍宛 1893-1922』奥山直司・雲藤等・神田英昭編、藤原書店、二〇一〇年
『南方熊楠　珍事評論』長谷川興蔵・武内善信校訂、平凡社、一九九五年
『南方熊楠大事典』松居竜五・田村義也編、勉誠出版、二〇一二年
『新校本　宮澤賢治全集』全十六巻、筑摩書房、一九九五―二〇〇九年
『宮沢賢治全集』ちくま文庫、一九九五年
保阪庸夫・小澤俊郎編『宮澤賢治　友への手紙』筑摩書房、一九六八年
『柳宗悦全集』全二十二巻、筑摩書房、一九八一―一九九二年
『復刻版　出口王仁三郎全集』全八巻、天声社、一九九八―一九九九年（初版一九三四年）
『出口王仁三郎著作集』全五巻、読売新聞社、一九七二年
阿伊染徳美『わがかくし念仏』思想の科学社、一九七七年
『鈴木大拙全集』第三十巻、「自叙伝」岩波書店、一九七〇年

中村元『中村元選集第3巻　東洋人の思惟方法3』春秋社、一九六二年
鶴見和子『南方熊楠』講談社学術文庫、講談社、一九八一年
荒俣宏・環栄賢編『南方熊楠の図譜』青弓社、一九九一年
環栄賢『重力と涅槃』青弓社、一九九五年
環栄賢『密教的世界と熊楠』春秋社、二〇一八年
見田宗介『宮沢賢治――存在の祭りの中へ』岩波書店、一九八四年
矢野智司『贈与と交換の教育学――漱石、賢治と純粋贈与のレッスン』東京大学出版会、二〇〇八年
門屋光昭『鬼と鹿と宮沢賢治』集英社新書、集英社、二〇〇〇年
門屋光昭『隠し念仏』東京堂出版、一九八九年
高橋梵仙『かくし念仏考　第一』巌南堂書店、一九六三年
桜井徳太郎編『地蔵信仰』雄山閣出版、一九八三年
小野隆祥『宮沢賢治の思索と信仰』泰流社、一九七九年
山根知子『宮沢賢治　妹トシの拓いた道――「銀河鉄道の夜」へむかって』朝文社、二〇〇三年
梅原猛『地獄の思想――日本精神の一系譜』中公新書、中央公論社、一九六七年
飯倉照平『南方熊楠――梟のごとく黙坐しおる』ミネルヴァ書房、二〇〇六年
飯倉照平『南方熊楠の説話学』勉誠出版、二〇一三年
田村義也・松居竜五編『南方熊楠とアジア』勉誠出版、二〇一一年
松居竜五『南方熊楠――一切智の夢』朝日選書、朝日新聞社、一九九一年
松居竜五『南方熊楠――複眼の学問構造』慶應義塾大学出版会、二〇一六年

武内善信『闘う南方熊楠――「エコロジー」の先駆者』勉誠出版、二〇一二年
千田智子『森と建築の空間史――南方熊楠と近代日本』東信堂、二〇〇二年
鈴木貞美『生命観の探究――重層する危機のなかで』作品社、二〇〇七年
『木村敏著作集』弘文堂、二〇〇一年
野間俊一『身体の時間――〈今〉を生きるための精神病理学』筑摩選書、筑摩書房、二〇一二年
中沢新一『森のバロック』せりか書房、一九九二年
中沢新一『熊楠の星の時間』講談社選書メチエ、講談社、二〇一六年
唐澤太輔『南方熊楠――日本人の可能性の極限』中公新書、中央公論新社、二〇一五年
唐澤太輔『南方熊楠の見た夢――パサージュに立つ者』勉誠出版、二〇一四年
矢野智司『贈与と交換の教育学――漱石、賢治と純粋贈与のレッスン』東京大学出版会、二〇〇八年
末木文美士『草木成仏の思想――安然と日本人の自然観』サンガ、二〇一七年
『文藝 月光2 発見! 宮沢賢治「海岸は実に悲惨です」』福島泰樹・立松和平・黒古一夫・太田代志朗・竹下洋一編、勉誠出版、二〇一〇年
鎌田東二『神界のフィールドワーク』創林社、一九八五年(青弓社、一九八七年、ちくま学芸文庫、一九九九年)
鎌田東二『翁童論――子どもと老人の精神誌』新曜社、一九八八年
鎌田東二『老いと死のフォークロア――翁童論Ⅱ』新曜社、一九九〇年
鎌田東二『記号と言霊』青弓社、一九九〇年
鎌田東二『宗教と霊性』角川選書、角川書店、一九九五年

鎌田東二『エッジの思想――翁童論Ⅲ』新曜社、二〇〇〇年
鎌田東二『翁童のコスモロジー――翁童論Ⅳ』新曜社、二〇〇〇年
鎌田東二『宮沢賢治「銀河鉄道の夜」精読』岩波現代文庫、岩波書店、二〇〇一年
鎌田東二『神道のスピリチュアリティ』作品社、二〇〇三年（角川ソフィア文庫、二〇一〇年）
鎌田東二『霊性の文学誌』作品社、二〇〇五年
鎌田東二『聖地感覚』角川学芸出版、二〇〇八年（角川ソフィア文庫、二〇一三年）

あとがき

最初に南方熊楠と宮沢賢治に興味を抱いたのは一九七〇年前後である。高校時代に宮沢賢治を知り、大学に入ってから『春と修羅』を読み魅了され、四十代になるまでどこへいくにも『春と修羅』の入った宮沢賢治詩集の文庫本を持ち歩いた。

南方熊楠については、一九七二年（昭和四十七年）頃に建築家の従兄からこんな面白い人がいるよと紹介されたのがきっかけだった。その後、一九八三年（昭和五十八年）秋に比較文明学会の創立大会があったとき、偶然、懇親会の会場で南方熊楠の生家の菩提寺延命院（和歌山市鷹匠町）住職の環栄賢師と出会い、彼と熊楠の墓のある田辺の高山寺の曽我部住職たちが進めている熊楠プロジェクトに参画し、荒俣宏・環栄賢編『南方熊楠の図譜』（青弓社、一九九一年）にも寄稿した。

このような事情で、南方熊楠と宮沢賢治に対しては、それぞれ個別に関心を深めていったが、二人がはっきりと結びついたのは一九八〇年代後半以降で、一九九二年に刊行された『「気」

が癒す』（集英社編集部編、集英社）に「野の科学――宮沢賢治と南方熊楠」（拙著『エッジの思想――イニシエーションなき時代を生きぬくために　翁童論Ⅲ』新曜社、二〇〇〇年に収録）の中で本書の元になるアイデアを書いている。

アニミズムとシャーマニズムとトーテミズムを内包したマンダラ的思想を持つフィールド科学に裏付けられた宇宙的な森の叡智と行動を展開した野の科学者として、〈森の叡智に芯から浸された彼らの言葉と行動は、衰退に向かいつつある世紀末の気に透明で力強い風を吹き込んで再生せしめ、自然治癒力を掘り起こさせる力と知恵に満ちている。……今、都市全体が、ひいては地球全体が「注文の多い料理店」になりつつある時代に「すきとほったほんたうのたべもの」をみのらせ食べることができなければ、都市は滅び、文明は自滅するしか道はないであろう。そのことをこの二人は愚者の笑いと叡智をもって発信しつづけているのである。〉と「野の科学――宮沢賢治と南方熊楠」に書いて、およそ三十年近い時がめぐり、機が熟して本書を著わすことになったが、三十年前に比べて「野」の事態はいよいよ深刻になっている。

本書は、二〇一七年十二月から二〇一八年一月にかけて、三度にわたり開催したNPO法人東京自由大学のゼミ「森の守護者　南方熊楠」の講義録を元に、改めて全面的に書き下ろしたものである。東京自由大学での講義は楽しみながら展開できたが、書下ろしの方では四苦八苦し難航した。当初、二〇一八年秋に平凡社新書の一冊として世に出る予定であったが、原稿の執筆が遅れに遅れて、二〇一九年に入り、平成の元号から令和の元号に替わったのち九月に原稿が完成し、年を越した二〇二〇年（令和二年）の春二月、ようやく上梓されることとなった。関係各位に多大な心配と迷惑をかけたことを陳謝しておきたい。

この間、私は憑かれたように、矢継ぎ早に三冊の詩集、『常世の時軸』（思潮社、二〇一八年七月）、『夢通分娩』（土曜美術社出版販売、二〇一九年七月）、『狂天慟地』（土曜美術社出版販売、二〇一九年九月）を出したが、ここでの問いは本書の問いとも深く重なっている。その意味では、三冊の詩集と本書『南方熊楠と宮沢賢治』は私の中では「金胎不二」の作物となった。

本書が成るにあたって、企画・編集を担当してくれた今井章博さん、NPO法人東京自由大学理事長の宮山多可志さん、理事・運営委員長の辻信行さん、そして平凡社編集部の蟹沢格さん、平凡社社長の下中美都さんに心から感謝申し上げたい。みなさんとともに作り上げた一冊を「二人のM・K」さんに捧げると同時に、多くの皆様にも届けたい。

二〇一九年九月十一日　鎌田東二拝

大日と久遠のほとけの交叉点
あきつみそらをふみやぶりけり

【著者】
鎌田東二（かまた とうじ）
1951年徳島県生まれ。國學院大學大学院文学研究科神道学専攻博士課程単位取得満期退学。博士（文学）。岡山大学大学院医歯学総合研究科社会環境生命科学専攻博士課程単位取得退学。現在、京都大学名誉教授、上智大学グリーフケア研究所特任教授。著書に『身体の宇宙誌』（講談社学術文庫）、『宮沢賢治「銀河鉄道の夜」精読』（岩波現代文庫）、『霊性の文学 言霊の力』『霊性の文学 霊的人間』（いずれも角川ソフィア文庫）、『日本人は死んだらどこへ行くのか』（PHP 新書）、『世阿弥』『言霊の思想』（いずれも青土社）、『詩集 狂天慟地』（土曜美術社）などがある。

平凡社新書933

南方熊楠と宮沢賢治
日本的スピリチュアリティの系譜

発行日——2020年2月14日　初版第1刷

著者———鎌田東二
発行者——下中美都
発行所——株式会社平凡社
東京都千代田区神田神保町3-29　〒101-0051
電話　東京（03）3230-6580［編集］
東京（03）3230-6573［営業］
振替　00180-0-29639
印刷・製本—株式会社東京印書館
装幀———菊地信義

ISBN978-4-582-85933-1
NDC 分類番号380　新書判（17.2cm）　総ページ304
平凡社ホームページ　https://www.heibonsha.co.jp/

平凡社新書　好評既刊！

651
大川周明　アジア独立の夢　志を継いだ青年たちの物語
玉居子精宏
戦前に作られた知られざる教育機関〝大川塾〟。その実態はいかなるものだったか。

667
入門　日本近現代文芸史
鈴木貞美
近現代日本が歩んできた思想・文化全般における文芸の位置と役割を明らかにする。

686
桜がなくなる日　生物の絶滅と多様性を考える
岩槻邦男
日本人にとって植物の象徴である桜をきっかけに、生物多様性の大切さを伝える。

693
アメリカで仏教を学ぶ
室謙二
アメリカで仏教の面白さを知った著者による、ユニークな入門書！

704
神社の起源と古代朝鮮
岡谷公二
渡来人の足跡をたどることで原始神道の成り立ちに迫るスリリングな旅の遍歴。

730
神と肉　日本の動物供犠
原田信男
肉食忌避の国家思想に反して、神に肉を供えて共食してきた、もう半分の日本史。

735
谷川　雁　永久工作者の言霊
松本輝夫
「沈黙の一五年」の謎を含め、曲折に満ちた生涯、その実践の数々を描く。

748
一遍と時衆の謎　時宗史を読み解く
桜井哲夫
日本中世史の巨大な存在でありながら、なお謎多き宗教者たちの全体像を解明。